写给少年的经济学

[美] 詹姆斯 · 麦肯纳 [美] 珍妮 · 格利斯塔 [美] 马特 · 方丹 著
尹楠 译

新 星 出 版 社 NEW STAR PRESS

新经典文化股份有限公司
www.readinglife.com
出　品

目 录

免责声明：本书仅供参考。依照本书建议获得的任何收益或遭受的任何损失，都属于你自己。不要去投资什么神奇的独角兽粉末，然后再来责怪我们。生活充满风险，尤其是涉及钱的时候。放聪明点，赚钱、存钱、理智投资，别做傻事，你将更有可能挣到 100 万。

① 术语在正文中以“*”标示，术语表中按拼音排序。

序 言

写给少年

也许你觉得自己现在还小，没必要为钱而发愁，但是钱这种东西，如果能多一点当然更好了；也许你已经迫不及待想要扩充自己的小金库，甚至打理自己的事业*了。不管怎样，这本书都会是你接触经济学很好的开端。先来设置一个小小的财务目标吧，100 万怎么样？

100 万是 1 后面跟着 6 个 0。如果精确到分，1 后面就有 8 个 0，也就是 1000000.00。不过现在人们动不动就谈论 10 亿这样的大钱，那可是 1 后面跟着 9

个 0，精确到分同样要再加 2 个 0。

对我们大多数人来说，100 万是很大一笔钱。把 100 万张 1 元的纸币叠在一起，高度能达到大约 107 米。然而，对于千万富翁或亿万富翁来说，100 万根本不值一提。这与我们看待事物的角度有关，也与我们所处的位置有关。但不管怎样，100 万确实是一大笔钱。

任何人都能做到，但大多数人都做不到。

好了，言归正传。

并非所有看过这本书的人都能成功赚到 100 万。实际上，大多数人永远无法实现这一目标。如果真那么容易，岂不是每个人都会成为百万富翁？清醒一点吧。

想要存下 100 万，需要有决心，付出辛苦劳动，外加一点牺牲精神，但大多数人都做不到。从长远来看，这难道不是为了经济独立所要付出的一点代价吗？

实际上，大多数人虽然想多存点钱，却无法身体力行。很多人不仅存不下今天的钱，还会通过信用卡和不必要的借贷花掉明天的钱。人们太容易跌入超前消费的陷阱，往往只“活在当下”，不为明天存一分钱。可是，相信我们，你明天需要钱。

有钱是好事，为什么？

1. 自由。钱可以买来一段时间的自由。如果你有钱，就有更多选择。想学芭蕾？拿出你的芭蕾舞裙和舞鞋，因为你付得起学费。不喜欢你的老板？辞职。不喜欢邻居？搬家。想环游世界？马上出发。这就是金钱的力量。

2. 安全保障。生活就像一条表面友好、实则脾气暴躁的狗。上一秒它还跟你嬉戏，下一秒就可能一口咬上你的手臂。存钱和准备应急资金，就是为了保护自己免受生活中“愤怒的狗”的伤害。

3. 帮助他人。俗话说“予人玫瑰，手有余香”，如果你有了钱，不只你自己，你的家人和朋友都能从中受益。很多百万富翁、千万富翁，甚至是亿万富翁，不仅用钱帮助自己，还会帮助他人。他们可能会设立奖学金帮助一些孩子上大学，还会赞助艺术创作、帮助无家可归的人，或者投资*创业项目。当然，即便花钱做了这些事，他们仍然有余钱为自己养老。

为什么是100万？

这本书讨论的不是“贪婪”的问题，而是讲赚钱养活自己的问题。我们谈论的是财务自由*，而不是被财务奴役。我们渴望的是充满选择的人生，而不是背负一身债务*的人生。或许你觉得自己现在并不需要100万，但总有一天你会需要一些钱，除非你准备一辈子都住在父母家。即便如此，你也需要有自己的钱。

这就是本书的意义所在。多年来，我们采访并研究了几百个财务自由的孩子，了解他们如何在年纪很小的时候就白手起家赚到 100 万。我们希望通过观察这些成功案例，帮助你成为其中一员。

顺便提醒一句，涉及钱的问题时，你的过去并不能决定将来。无论人生处境如何，无论生活在哪里、过得怎样，很多人都从一文不名发展到有所成就——不管出身是单亲家庭、寄养家庭还是孤儿，富有还是贫穷，城市还是农村。而且，

糖果店开业前的市区……

甜蜜的成功

一个 15 岁的女孩在废弃的大楼里开了家糖果店，这栋大楼位于市区一片破败地区的主要路口。

现在人们比以往任何时候都更容易赚到 100 万。当然，前提是你得打好手里的牌，并学会一些简单的策略，比如本书中即将分享的这些。

你要明白的第一个要点就是：越早开始赚钱和存钱，就有越多的时间增加财富。

剧透一下：幸运的是，你并不需要完全依靠自己攒下 100 万。稍后这本书会

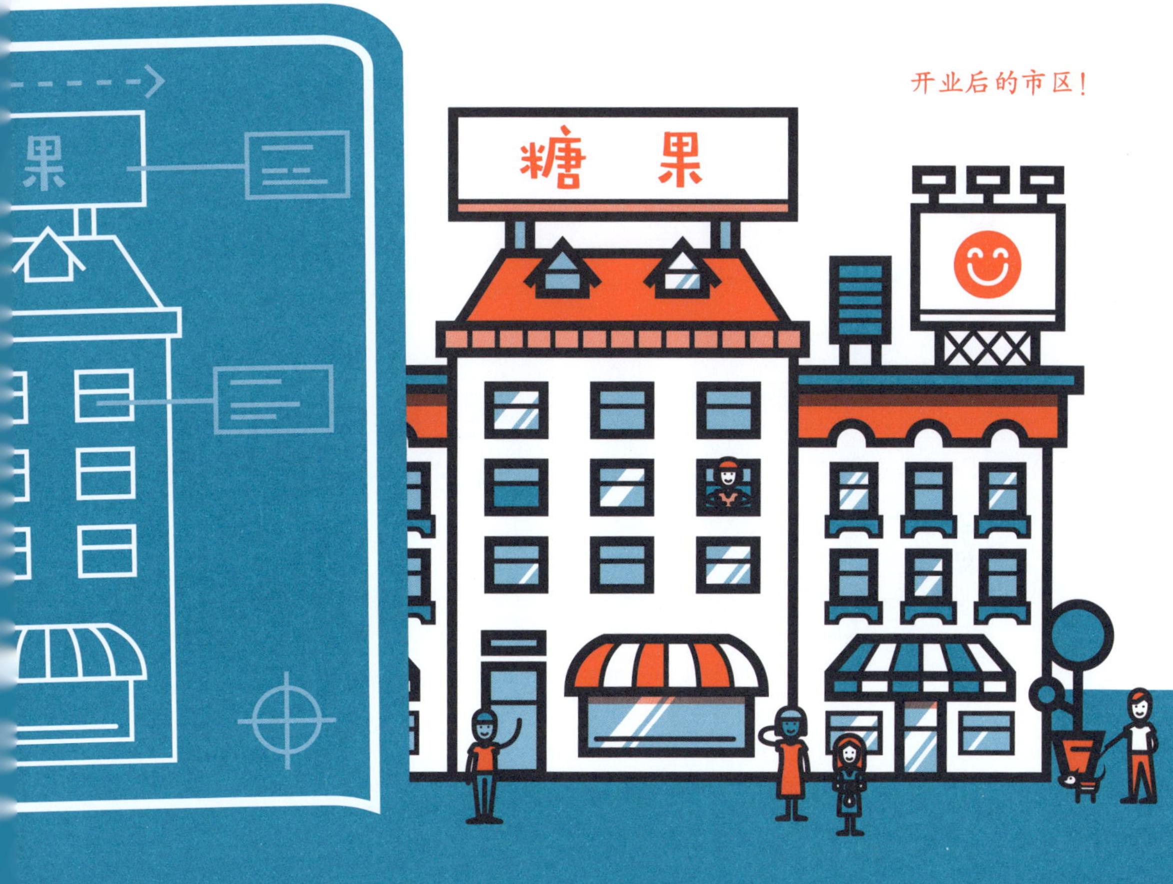

她的生意很成功，很快就有其他新店入驻大楼，就开在糖果店旁边。市区很快就开始恢复活力，所有这些都得益于她蒸蒸日上的糖果生意。

告诉你 一些小秘密，只需要攒下一定数额的钱，就能开始让钱生钱。这些想法看似异想天开，但切实可行——尤其是在你还年轻的时候！这就是为什么你需要现在就开始行动！

梦想高远

你会用 100 万做什么？踩着镀金滑板穿过比弗利山庄的街道？坐私人飞机去某个热带海岛吃午餐？在顶楼的大平层公寓举办热闹的派对？或者，你的目标可能更实际一些：用这笔钱上大学，以后买个房子，或是帮助有需要的人。如果你有 100 万，这些都有可能实现。所以，还在等什么？赶快开始存钱吧！让自己享受这个过程！

第 1 章

像百万富翁一样思考

真正的百万富翁是什么样？他们身材高大、有健康的小麦色皮肤、英俊帅气吗？有些确实是这样。他们乘坐飞机环游世界，手指和脚趾全做了美甲吗？有些的确如此。他们有人开二手车，勤俭节约，低调生活吗？其实，大多数是这样。真正的百万富翁长相各异，生活方式也各不相同。百万富翁的确有可能是时髦的年轻影星或投资人，但并不多见。事实上，大多数百万富翁生活节俭，并不会铺张浪费。

真正的百万富翁当然不会像电视里演得那么夸张。任何人都有可能成为百万富翁，你也不例外，哪怕你到现在还没存过 1 块钱。但你要相信，你很聪明，而且有这个能力。

如何像百万富翁一样思考？

现在你就可以开始为此努力——建立百万富翁思维模式，这就像穿上拖鞋一样简单。

想要拥有百万富翁思维模式，最重要的是态度。你要树立赚 100 万的财务目标，这可不是一时的异想天开，你需要全心全意地兑现承诺。你的决心要像《绿野仙踪》里立志找到翡翠城的多萝西那样坚定。你要相信自己能够做到，它值得你付出努力。百万富翁都会树立一个目标，并努力实现它。你必须要让自己拥有与之匹配的思维模式。

百万富翁
思维模式

远离消费陷阱，专注自我

如果只要像百万富翁一样思考，然后“咻”地一声，就能梦想成真——真那么简单，为什么不是每个人都成了百万富翁呢？因为坚持不懈地实施一项财务计划极具挑战性。无论你走到哪里，总有东西引诱你花钱，让你觉得花了钱立刻就能变得快乐、健康、受欢迎、像个成功的富人。我们很难拒绝诱惑，尤其是看到其他人都买了最新款手机、游戏机或其他电子产品的时候。

成为百万富翁的一个秘诀在于，不要只是因为其他人都有，就跟风购买。像百万富翁一样思考，意味着你要去寻找存钱的方法，而不是一味地花钱。有时候，你或许要继续穿去年的旧运动鞋，或许要多加一次班、不能跟朋友出去玩。这甚至意味着你要自己煮面吃，而不是经常下馆子。

等一下……
还有其他要点！

毫无疑问，多存钱、少花钱是百万富翁思维模式的一部分，但远不止这些。拥有百万富翁思维意味着你还要做到以下几点：

1. 专注。 存100万可是个非常有雄心的目标，要实现目标就必须专心致志。在这一过程中，你可能会经历各种挫折——工作不顺、投资失利等等。最大的障碍是，有那么多诱惑让你花钱而不是存钱。因此你必须专注于通往最终目标的道路。

2. 耐心。 有的百万富翁的确是一夜暴富——彩票中奖、继承遗产*，或者研发了一个大受欢迎的应用程序，但这种情况发生的概率很小。大多数百万富翁都需要在一定时间内积累财富。他们存钱、投资，然

了解你的邻居

早在1996年，一位名叫托马斯·斯坦利的专家就决定弄清楚百万富翁们究竟过着怎样的生活。最后他撰写了一本书，名叫《邻家的百万富翁》。他的发现让很多人大吃一惊：大多数富人并不会开豪车或者享受奢华的假期，恰恰相反，他们花的比挣的少很多，开二手车，住在普通的房子里。但他们都会明智地投资，而不是通过购物让自己看起来与众不同。正像我们说的那样，真正的百万富翁是存钱的人，而不是花钱的人。

后等待。在这过程中，他们会小心翼翼保护自己的存款（或投资），同时持续定期地增加存款，然后看着余额不断增加。

多存钱，
少花钱。

3. 独立思考。如果你只是做其他人都在做的事情，就只会像大部分人一样，很难成为百万富翁。想存下那么多钱，你需要独立思考，而不是随波逐流。拥有最流行的时尚单品、汽车或科技产品固然让人艳羡，但这并不能帮你成为百万富翁。

4. 学习知识。想要成为百万富翁，你需要理解金钱——如何存钱、如何增值、如何持续盈利*。幸运的是，你可以从本书中学到这些知识！

让百万富翁思维模式成为一种习惯

你可以养成一些好习惯，其中一个要能让你定期存下一些钱，几乎所有百万富翁都有这样一个习惯。他们知道该如何积累财富，那就是有规律、缓慢且稳定地存钱。

每天存 1 元钱，养成存钱的习惯就这么简单。1 元太多了？那存 5 角怎么样？有总比没有好。养成良好的存钱习惯需要一些时间，这和做其他任何事情一样，首先要迈出第一步，然后再向目标持续迈进。

不要放弃！

即便是最聪明的百万富翁，也很难逃过 20 世纪 30 年代大萧条*（发源于美国的经济危机）和 2008 年的大衰退*（从美国开始爆发的金融危机，引发了全球性经济危机和衰退）那样的经济打击。在这两次经济大衰退时期，很多想要提升自己经济实力的人都遭到重创。有些人后来恢复了，一部分原因是运气，另一部分原因则是不屈不挠的精神。

迈克尔·乔丹是世界上最成功的篮球运动员之一，他曾说："我可以接受失败，所有人都可能在某些事情上失败。但我不能接受没有尝试。"即使是托马斯·爱迪生，在成功改进灯泡前也失败过至少 1000 次，但他最终成功了，并且改变了历史。百万富翁们不喜欢失败，但其中很多人都失败过。他们知道这只是游戏的一部分，而且即便失败了，也能从中吸取教训，然后再次努力尝试。

"电工"
托马斯·爱迪生
"飞人"
迈克尔·乔丹

不要害怕失败，不要被错误和困难打垮，保持专注、耐心、独立思考和理智，你会有更好的机会赚钱。

你的百万富翁计划

在没有计划的情况下，大多数百万富翁甚至亿万富翁都无法实现他们的财务目标。这本书将手把手地教你制定属于自己的经济独立计划，传授你成为百万富翁的秘诀和窍门，并为你指出这一路上可能遇到的陷阱。

赚钱就像游戏，这本书将教会你基本的游戏规则。在继续之前，先问问自己："我能像百万富翁一样思考吗？能专注于目标吗？"因为只有建立起百万富翁思维模式，并专注于赚到 100 万，你才有机会实现目标。现在，请你站在镜子前自信地看着自己，重复下一页那句非常重要的话。快翻页吧！

“我会成为
百万富翁。”

长话短说

1. 百万富翁存钱，而不乱花钱。
2. 想要成为百万富翁，你需要培养百万富翁思维模式。
3. 遵照以上原则，任何人都能成为百万富翁。

想成为百万富翁的原因

你想把 1 块钱变成 100 万的原因是什么？写下这些原因，把它们贴在你的储物柜上、镜子上，或者设为你的手机壁纸——让它们出现在你每天都能看见的地方。这些理由将会帮助你战胜困难。先不要作太多设想，只需要想象你会用这笔钱做些什么。随着时间的推移，这些原因很可能改变，因此，一定要保留这张原始清单，记住梦开始的地方。

第 2 章

设定财务目标

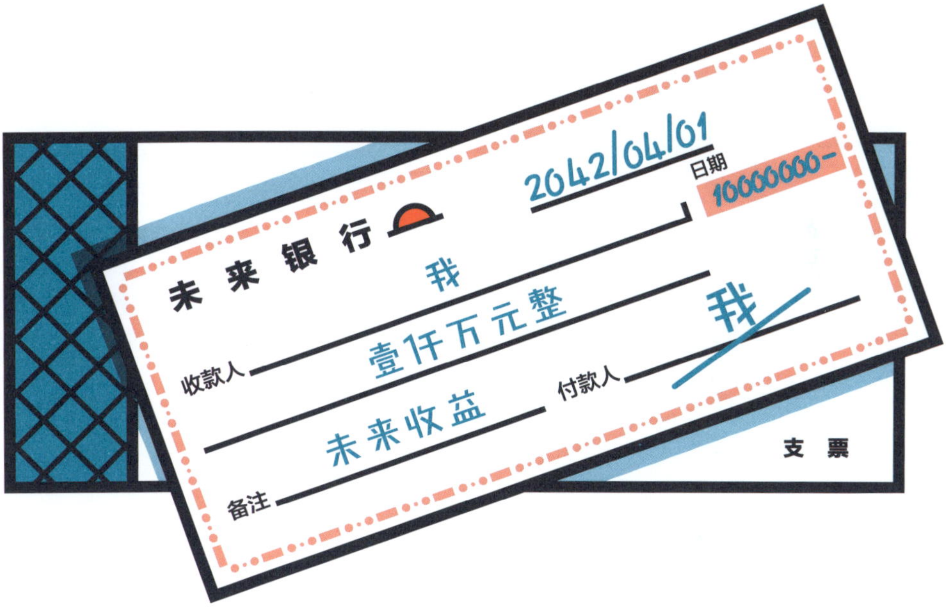

你想过上什么样的生活？旅行、帮助穷人、成为科技巨头、探索太空、设计服装、参加越野摩托车比赛、成为职业滑板运动员，还是以上全部？

如果你有钱，就更有可能过上理想的生活。而这意味着你需要制定一个有明确目标的财务计划。

一个有明确目标的财务计划能避免你在金钱的海洋中漂浮不定，就像为船只设定航向一样。没有计划和目标，你可能会停滞不前，永远存不够钱，尤其是在

金钱时刻

一个能帮助你实现财务目标的方法就是针对不同目标分别设立账户。为了购买新电脑这个短期目标，你可以专门设立一个储蓄账户*；为了实现上大学这个中期目标，你可以另外再准备一份大额存款*；然后为了退休*这个长期目标再投资一个个人退休账户。现在谈论大学学费或退休金储蓄似乎为时过早，可能你要继续往后看才能弄明白这些概念！第9章将会讨论更多类型的投资。

你最需要用钱的时候。

设定目标并非一劳永逸的事情。有些人会分别设定每小时、每天、每周、每月、每季度、每半年、每年、5年、10年、20年，甚至一生的目标。现在，我们先设定三类目标：短期、中期和长期目标。

短期目标

（从现在开始的1年内）

可能你的目标是攒够一笔钱去看下周的演出，或是买一个新手机、冲浪板，或是存一笔创业资金。又或者你只是想现在就开始存钱。这些都属于短期目标。

怎样才能实现短期目标呢？先弄清目标总额，然后除以实现目标所需的时间。

举例来说，你想要某个超级酷的东西。这个东西要100块，而你希望能在10个月后得到它。这就意味着要实现这个短期目标，接下来你每个月要存10块钱，才能及时存够钱买到它。

（下接第18页）

设定航向
抵达财务自由之岛
短期目标
从现在开始的1年内
中期目标
1～10年
长期目标
10年以上
前进！

你能做到吗？如果不能，那就稍作调整。要么多赚钱，要么少花钱，或者将这两者结合起来。还有一个选择，就是给自己更多时间存钱。

中期目标

（1～10 年）

或许你想买一辆车，想去旅行，想存够大学学费，或者 20 岁的时候从家里搬出去住。这些听起来更像中期目标。同样，还是要弄清楚你需要多少钱才能实现目标，然后除以实现这一目标所需的时间。假设一次欧洲游要花 30000 元，而你想在 3 年内完成旅行。30000 元分摊到 36 个月里，也就意味着每个月大概要存 833 元。你能达成一个每个月存 833 元的短期目标，以实现 3 年存 30000 元的中期目标吗？如果不能，那就调整目标。你可以制定一个花费少的旅行计划，还可以推迟旅行时间，或者想办法多赚点钱。

长期目标

（10 年以上）

实现这些目标所需的时间可能是 10 年、20 年、30 年、40 年，

写下你的目标，把它放在每天都能看见的地方。

甚至更长时间。这似乎是一条看不见尽头的漫漫长路——在你之前有无数人都这么想过，后来他们突然意识到，应该在自己11岁时就开始设定长期目标！想早点退休、环游世界？想买一栋房子，养育孩子或者养很多条狗？显然，你需要100万元才能实现其中一些目标，所以这些应该就是长期和超长期目标。

假设你想在40年的时间里赚到100万元，把100万分摊到40年，每年你需要存25000元。看到这里也许你会想："我只有11岁，绝对没有可能存这么多钱！"好消息是，你并不需要每年存25000元、一直存40年。稍后会教你一个妙招，让钱生钱。不要提前偷看啊！

写下来！

目标清晰，能明确说出你想要的东西，这一点十分重要。把目标写下来、打印出来，或者用手机备忘录记下来。然后，在第130页的"百万富翁计划"中写下你的计划。

（下接第21页）

把珠宝首饰变成越野摩托车

马可非常喜欢越野摩托车，想要买一辆新车。他的目标是在1年内买一辆新车，这就意味着在12个月的时间里，每个月要存200块钱。于是，马可开始自制珠宝首饰卖给亲朋好友，还在当地的一家比萨店外摆起摊子，周末在那里卖自己的手工制品。一开始，马可的朋友们都取笑他……直到有一天，他骑着崭新的摩托车飞速驶过，给他们洗了个泥巴澡！

历史性的胜利

金·凯瑞是好莱坞有史以来片酬最高的演员之一，因为拍电影赚了很多钱。但一开始情况并不顺利。1985 年，金·凯瑞还是一个在好莱坞苦苦挣扎、渴望成功的无名之辈。有一天，他开车来到好莱坞山顶，一边畅想自己的未来，一边给自己写了张 1000 万美元的支票。支票上的日期是 1995 年的感恩节，同时还备注上“表演所得”。从那天开始，他一直把这张手写支票放在自己的钱包里。

接下来的事迹堪称一部成功史。金·凯瑞的乐观和勤奋最终得到了回报，到 1995 年，在拍摄了多部票房大卖的影片后，他的电影片酬已经高达 2000 万美元。十年前的这张支票，帮助金·凯瑞专注于自己的目标，最终取得成功。

所以，为了理想中的未来，你准备做些什么呢？当然，也有可能你认为自己目前的情况已经很好了。你能在预想到所有困难的情况下，仍然专注于目标吗？不要等着天上掉馅饼、中彩票或者某个富有的亲戚突然给你一大笔财产。先想好你渴望怎样的未来，然后立即设立目标，制定计划。或许，你也需要给自己开一张支票，并填写一个从现在开始 20 年的兑现期限。

把它们贴在冰箱上，或者放在每天能看到的地方。因为把它们记下来、让自己随时都能看到，更有可能实现目标。而且不要害怕修改计划，它们会随着时间的推移而改变。

监控进度

筹划再周密的财务计划，也可能遭遇滑铁卢。你需要时刻掌控全局，定期查看计划进展。如果你制定了在 1 年内买到某个东西的短期计划，就需要每个月停下来评估一下进度。或许你会发现自己已经超前完成了阶段目标，那可太棒了！如果没有，可以稍微作一些调整。

当你实现目标的时候应该做些什么呢？庆祝一下！然后设定新目标，继续努力。别忘了，你还有个 100 万的大目标需要实现。

意义何在？

我们每个人都会畅想未来要做的事情和理想生活的模样。如果你提前设定目标，把它们写下来、制定计划，就很有可能梦想成真。制定一个拥有具体财务目标的计划，是实现未来财务梦想的基础。

长话短说

1. 如果你想赚到 100 万，就要分别设定短期、中期和长期目标。
2. 写下你的目标。
3. 监控进度，在必要的时候作出适当调整。

第 3 章

制定预算

你试过在没有确定方向的情况下去一个陌生的地方吗？这么做可不太容易，也不太明智。同样地，如果你想成功实现短期、中期或长期目标，也需要先确定方向。

预算*就是你的财务路线图，它将帮助你从当前所在的位置抵达百万富翁乐园。

预算是帮助你量入为出的工具，是所有进来的钱（收入*）和出去的钱（支出*）的简单记录。随着钱的进进出出，你可以对照预算表查看自己的支出和存款。简单来说，你可以把这当作一个控制支出的游戏。

历史性的预算失败

悉尼歌剧院是澳大利亚乃至全球的标志性建筑，但它同时被视为现代史上最大的预算错误之一。丹麦建筑师约恩·乌松赢得澳大利亚政府的建筑竞标后，于 1959 年开始建造这个歌剧院。该项目原计划用时 4 年，预算为 700 万澳元。最后耗时 14 年才完工，耗资 1.02 亿澳元，总费用是原预算的近 15 倍！天呐！

更好地制定预算

制定预算并没有那么难。想要制定月度预算，只须估计你的月收入，然后对比一下月支出。你的收入包括零用钱、打工收入、红包、借贷，或者存款利息*和证券投资组合的收益等[①]。支出则包括你在一个月内为所有东西，比如食物、娱乐、衣服和学校用品等支付的费

① 在中国，16 岁以上才可以合法打工，18 岁以上可以借贷或开通证券账户。提前了解一些知识吧！

澳大利亚的预算错误！

用。详细列出你能想到的所有支出项目，清楚说明每一分钱的去向。可以保留好收据或其他付款凭证，把它们计入预算。绝大多数人都不会这么做，一些不起眼的消费很快就会被忘记。

制定好预算后，如果你发现支出超过收入，只能做两件事：

1. 增加收入

2. 削减支出

刚刚是说两件事对吗？其实还有第三件：

3. 开源节流

假设你想要开启成为百万富翁之旅，为了存够 100 元的短期目标，你现在每月存 10 块钱。有了预算，你就会知道钱都去哪里了。你可以分析自己的收入和支出模式，通过调整和改进这一模式，帮助自己实现每月存 10 块钱的目标。

在预算中详细列出每一项支出，尤其是类似于购买新滑板鞋这样的花销。

（下接第 29 页）

你的月度预算

你的月度预算大概就是下面这样。假设上周你拿到了每个月 50 元的零用钱，通过当“临时保姆”——帮爸妈照顾弟弟妹妹赚了 20 元，还从哥哥那里意外得到了 5 元。这样一周总收入就是 75 元，我们把这些记到“收入”栏。

你的月度预算 9月		
收入		
第 1 周	零用钱	50 元
	临时保姆	20 元
	小红包	5 元

你每周的收入可能是上下波动的。你不一定每周都能赚到 75 元，哥哥也不会经常给你 5 元钱。也许你能出租一些游戏卡，或者多做一些家务。保守预估一下你这个月的收入。假设你雄心勃勃地打算每个月赚大约 100 元。

你的月度预算 9月		
收　入		
第 1 周	零用钱	50 元
	临时保姆	20 元
	小红包	5 元
第 2 周	无收入	0 元
第 3 周	出租游戏卡	10 元
第 4 周	额外做家务	15 元
总　计	100 元	

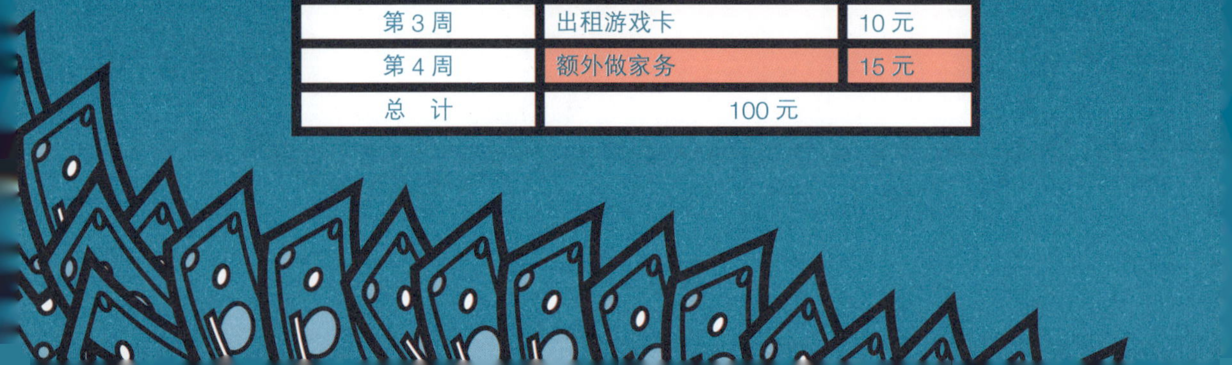

接下来，列出你这个月可能产生的开支，包括你计划每个月要存下来的10元。虽然你的存款目标并不属于支出项，但也应该把它列入这个清单，并且优先预付。这就是所谓的“先付钱给自己”，这一招可以确保每个月的计划存款按时存进银行*，而不是被你花掉！金融大亨们也表示，除非先把钱存起来，否则永远不可能实现存款目标。

最后，把午餐费、电话费、新鞋子钱、电影票钱、滑板车轮钱、欠妹妹的钱等都列出来，详细列出每一笔开支。最好保留每一笔支出的凭证，这样你就能记住准确的金额。你预想的开支与实际支出可能稍有差异，所以需要不时更新预算表。再次强调，不要漏掉任何一笔开支。每周跟踪检查你的开支情况，与月度预算对比。如果总支出大于收入，你的预算就超支了。有些东西得等到有更多收入时再买，或者削减掉这笔开支。

现在，你可以认真考虑哪些开支需要缩减了。比如，买新鞋和看电影都要再等等了。

你的月度预算
9月

收入		
第1周	零用钱	50元
	临时保姆	20元
	小红包	5元
第2周	无收入	0元
第3周	出租游戏卡	10元
第4周	额外做家务	15元
总计	100元	
支出		
第1周	储蓄	10元
	话费（与父母分摊）	10元
第2周	电影票	36元
第3周	午餐	28元
	滑板车换车轮	23元
第4周	还妹妹钱	2元
	买鞋	110元
总计	219元	
总收入减去总支出	-119元	
	预算超支！	

下面是你的 9 月预算表最终呈现的模样：

你的月度预算
9 月

收入	预期		实际	
第 1 周	零用钱	50 元	零用钱	50 元
	临时保姆	20 元	临时保姆	20 元
	小红包	5 元	小红包	5 元
第 2 周	无收入	0 元	无收入	0 元
第 3 周	出租游戏卡	10 元	出租游戏卡	10 元
第 4 周	额外做家务	15 元	额外做家务	15 元
总计	100 元		100 元	
支出	**预期**		**实际**	
第 1 周	储蓄	10 元	储蓄	10 元
	话费（与父母分摊）	10 元	话费（与父母分摊）	10 元
第 2 周	电影票	36 元		
第 3 周	午餐	28 元	午餐	28 元
	滑板车换车轮	23 元	滑板车换车轮	23 元
第 4 周	还妹妹钱	2 元	还妹妹钱	2 元
	买鞋	110 元		
总计	219 元		73 元	
总收入减去总支出	-119 元		27 元	
	预算超支！		预算成功！	

化繁为简

预算不需要很复杂，简单清晰就好。支出不能超过收入，别忘了为实现 100 万的存款目标每月都要存下的那笔钱。随着预算的增加，你应该单独添加一笔独立于百万资金之外的应急预算。当你告诉父母"大多数专家都认为应该留出 3 ~ 6 个月的收入来应对潜在的危机"时，他们会对你刮目相看。

一旦你开始做预算，就会发现手头上的钱有点紧张，花钱时不得不再三权衡。外出时也许你会自带午餐，而不是去饭馆；或者在家看电影，而不是去电影院。哇，严格执行预算计划的你竟然存下了 25 元！大多数时候只须稍作调整，就能以小小的牺牲换来大大的回报。

一开始你的预算并不会完美无缺，需要不断调整。坚持 3 个月，看看会发生什么。坚持到 6 个月，再看看预算表为你的未来财务作出了什么贡献。知道怎么做预算将是伴随你一生的礼物。

用现金做预算

当你按照预算花钱时，没什么比使用现金更有效了。把现金放进信封，并在信封上标记好支出类型。如果你每个月有 30 元用于娱乐，那就把 30 元现金放进信封，在信封上标明"娱乐"，本月所有的娱乐项目都用这个信封里的钱支付。一旦信封里的钱花完了，其他的娱乐就只能安排到下个月。如果本月结束后还有剩余现金，可以把它留在信封里下个月继续用，或者把这笔钱存起来。

长话短说

1. 制定预算有助于实现财务目标。
2. 如果预算超支，要么增加收入，要么减少支出，或者双管齐下。
3. 想实现存款目标，必须先付钱给自己！

第 4 章

赚钱的 5 个妙招

你需要学会用钱“生”钱。那么，要从哪里赚到第一笔钱呢？数目不大的话，其实很简单，试着开口找人借 1 块钱或者 10 块钱，看看他们会怎么回答。不过，如果是借 100 块，或许你会得到完全不同的回应。我们就将短期目标定为赚 100 块。从 100 块开始，一点点实现 100 万的长期目标。如果你能赚到 100 块，就能赚到 100 万。相信自己，你一定可以。

5 个妙招

下面的 5 个妙招能帮助你实现短期目标，赚到 100 块。

1. 获得零用钱

《时代》杂志曾报道，61% 的美国家长会给孩子零用钱。你可能要通过做家务换取零用钱，这也可以作为认识金钱的一种方式。要是你们家可以这么做，那很好，因为把一部分零用钱存起来，会让你更轻松地开启财务自由之旅。

你应该存多少钱呢？这要看你能得到多少零用钱。现在让我们想想短期目标是什么——10 个月内存 100 块？美国家长平均每月给孩子 65 块零用钱，如果你的零用钱大约是这么多，那么全部存起来的话，一个半月你就能存够 100 块了！不过，只有把零用钱全部存起来才能做到这一点，这显然不太现实。如果你的零用钱超过 65 块，可以把 100 块的短期目标提高一点。如果你的零用钱少于 65 块，也不要担心，你只须多花一点时间就能实现目标。

无论零用钱是多少，你都可以通过下面这两件事让它发挥最大的作用：

· **请求涨零用钱。**就像大人会申请涨薪一样，你也可以要求涨零用钱，但最好有一个充分的理由。比起简单说一句“妈妈，能多给我点钱吗”，不如说“妈妈，如果你每周多给我1块钱，我可以帮忙遛狗”。记住，每次要求涨钱的金额和理由都要合情合理。

· **存钱、花钱和共用。**拿到零用钱后，你会做什么？在购物中心一次花光？其实，花钱只是你能做的事情之一，你能用零用钱做3件事：存钱、花钱和共用。

在拿到零用钱之前，想好如何按照这3种用途分配，并且准备好储存这3份钱的容器，可以是3个食品密封罐、3个小猪存钱罐，或者3只脏袜子……什么都可以，只要你给它们分别贴上“储蓄”“支出”和“共用”这三个标签就行。如果你能在拿到零用钱

“储蓄”、“支出”和“共用”袜子组合。

请求父母涨零用钱

亲爱的（此处填写称谓）：

我，（填写姓名），你们的（大儿子/三女儿/二宝，等等）真诚地请求你们考虑将我每个月的零用钱增加（填写具体金额或百分比）。衷心感谢你们一直以来的慷慨给予，但目前每个月的零用钱显然不足以让我在（填写年龄）前，实现成为百万富翁的财务目标。我希望能增加零用钱，理由如下：

1.

2.

3.

谢谢你们考虑我的请求。

此致

敬礼

（签名）

之前想好如何分配，就能更快实现存 100 块的目标。

务必尽快把目标存款放进银行。毕竟，一只臭袜子怎么能装下未来的 100 万呢？参见第 7 章，了解更多有关存钱的内容。

没有零用钱?

不用担心，你试过请求爸爸妈妈给零用钱了吗？对大部分孩子来说，首先应该主动开口，找父母要零用钱。可能一开始只有 1 块钱，或者不能按时领到零用钱。不过大多数时候，开口问一句也无妨。下面这种方法说不定能帮你要到零用钱。

亲爱的（爸爸 / 妈妈 / 其他人）：

我正开始学习有关金钱的知识，以及如何实现经济独立。我想创造属于自己的未来，并且希望从每月获得一笔零用钱开始。零用钱可以帮助我实现 10 个月内存 100 块的短期目标。

你可能还要补充说明："作为交换，我愿意帮忙做更多家务。这次我是认真的。请相信，成为百万富翁的时候，我会回报你。"

这招也试过，但不管用？好吧，也许给你零用钱超出了家庭预算。不过没关系，继续看第二个赚钱妙招吧。

2. 工作赚钱

另一个赚钱的方法是工作。没错，小孩子也可以工作赚钱。

想象力大大限制了你能做的工作。你可能早就开始为零用钱工作了。有没有

出门扔过垃圾？有没有喂过宠物？有没有给家里拖过地？也许是时候多做点家务了，或者试着做点生意。在后面的章节中，我们会讨论做生意的事情，这里主要讨论工作问题，并且有一些小建议给你。

· **从小事做起。**想想你在家里还可以做哪些工作（最好是在完成日常家务之后）。你可以负责刷碗、养护家里的植物、给爸妈熨衣服……家里可能有很多你能做、父母也愿意付钱让你做的工作。

· **问问周围的人。**问问朋友和邻居是否有工作可以让你做，看家、遛狗、当临时保姆是大家经常交给孩子做的工作。如果你想拓宽业务，还可以提供整理、打扫、辅导作业等服务，通过这些方法赚到第一笔钱。

事实上，与每月积攒零用钱（如果你有零用钱的话）相比，通过工作或许能更快赚到 100 块。而且，这能让你学会一些有价值的技能，等你到了法定工作年龄，就可以利用这些技能找到真正的工作。第 5 章会谈论更多相关话题，可以先小小地期待一下。

3. 接受馈赠

还记得前面说过你可以申请零用钱吗？这招有用吗？除此之外，有时候，亲戚朋友会直接给你钱作为礼物。比如，从祖母那得到 10 块钱零用，毕业得到妈妈给的 80 块奖励，你可以把这些钱列入预算表里的“收入”栏，并把它们作为百万目标的一部分。

我们知道你在想什么：“一定要都存起来吗？我想花一点！”可以花一点，但是最好把大部分钱存进你的储蓄账户，并且告诉给你礼金的人，你把其中一部分存了起来，以实现存够 100 万的长期目标。说不定他们会被感动，下次给你更多钱呢。

还有一种接受馈赠的方式就是继承遗产。几乎每个人都梦想过突然有一天继承一大笔财产。富有亲戚的离世很不幸，但幸运的是，他们会留给你数百万遗产。承认吧，你的确有过这种幻想，对吗？你一定看过类似右边框里的电影情节。

> 亲爱的某某某：
>
> 你敬爱的叔叔雷金纳德爵士从护栏上摔下来，不幸被一把餐叉刺死。我们向你致以最深切的慰问。鉴于你从来没听说过他，你对于失去他的伤痛可能不及他的猫“手套”强烈。不过作为他唯一的继承人，你将继承他的城堡、法拉利、10亿现金和一把稍微有点弯曲的餐叉。只是为了满足遗嘱要求，你必须游过英吉利海峡，在“手套”的有生之年都好好照顾它。如果方便的话，请尽快回复。

不过，到处都有陷阱——

当你收到礼金或者得到意外之财时，很容易联想到所有你能买的东西，也许是新衣服，也许是一辆车，也许……哎呀醒醒，别再做白日梦了！赶紧回到现实吧！

这就是为什么要以财务预算为“定海神针”，在你意外获得10块或100块收入时，预算可以避免财务计划泡汤。今天就把这笔钱存进储蓄账户。现在，恭喜你已经实现了第一个短期目标，不过一切才刚刚开始——100块的目标已经达成了，现在重新设定一个赚500块的短期目标吧。

4. 借钱

第4条赚钱之路就是借钱。借钱不易，而且一般来说，以借钱开始计划并不是个好主意。借你钱的人（出借人*）会想从你（借款人*）那里得到一些回报，也就是利息(通常是所借金额乘一定的百分比乘期限)。如果你想置办一些大家伙，比如房子，这个方法很值得考虑。但如果你想把存款从100块变成100万，靠借钱显然不行，得另想办法。建议先好好学习有关债务和信贷*的知识，再考虑借钱。

5. 通过投资获利

这是存到100万最有效的方法之一。

如果你通过金融机构投资，或者把钱存进银行，就会获得相应的利息。投资也是一种购买行为，只不过当你投资某物时，会期望它产生收益（如利息），或者在未来升值。当你投资获利，就是钱在为你赚钱，而这期间你不用做什么，只须关注投资。这对大多数人来说是赚钱的好方法，因为不影响你同时做其他事情。

而你要做的第一步就是把钱存进银行，从储蓄账户里获得的利息虽然不是很多，但这是一个很好的积累，有助于你存到足够多的钱，进而开展更高收益的投资，包括大额存款、股票*、债券*、创业等。这类投资项目还有很多。

6. 偷钱

千万别这么做！这就是为什么我们说只有 5 种赚钱的方法。

重复上述步骤！

好了，假设通过上述 5 个赚钱妙招，你已经实现了赚 100 块的短期目标，恭喜你成功开始了百万之旅！现在你要做的就是重复上述步骤。把目标数字调整为 200，然后是 500、1000、5000，之后是更大的目标——10000！当你终于有了一些钱，就可以启动一个秘密的“赚钱加速器”，第 8 章会讲到它，一定会让你大开眼界。

现在，尽情享受赚到 100 块的快乐吧。

对了，还有几件事需要确认：

已经把这笔钱存入储蓄账户？

☑ 是

已经在预算表中将这笔钱记为收入？

☑ 是

开始喜欢上这种感觉？

☑ 是

金钱时刻

现在你知道赚钱的方法了，下面就来看看你获得的是“被动”收入还是“主动”收入吧。主动收入是指你为钱付出了劳动；被动收入是指不需要做太多工作就能拿到钱，一开始可能需要付出一些努力，但随后只须稍作维护。

被动收入包括通过储蓄、股票和其他投资获得的收益，也包括大多数时候可以自行运转的生意产生的收益，例如自动售货机、网络交易、房产租金等。如果能吸引到足够多的观众，你甚至可以通过运营博客、视频或播客账号获得广告收益。对于孩子来说，被动收入的好处在于不用苦苦央求父母或哥哥姐姐开车带你出去挣钱——只要穿着睡衣坐在家里，就能看着钱滚进腰包。

赚钱的方法不止一种

13 岁的双胞胎伊桑和杰奎琳已经有了一笔零用钱，只是不太够用。伊桑想存钱买一个 iPad，杰奎琳需要更多零用钱。于是，他们开始创业——面向孩子开办一个网球和手工夏令营。伊桑教网球，杰奎琳教手工。富有创意的赚钱方法让他们尝到了甜头，夏天结束时，他们都实现了目标！

长话短说

1. 赚钱的方法通常有 5 种：零用钱、工作、接受馈赠、借贷和投资获利。
2. 想赚到 100 万，先从小钱开始积累——设定一个赚 100 块的短期目标。
3. 不要偷钱，永远不要！一旦被关进监狱，你就几乎不可能赚到 100 万了。

第 5 章

找份工作！

如果你的主要目标是攒到 100 万，光靠零用钱（如果你足够幸运，有零用钱的话）是不够的。你需要找到更快速的方法，赚到更多的钱用于存钱和投资。

能最快赚到钱的方法之一就是找份工作。少数幸运儿能轻松得到一份满意的工作。但对大多数人而言，找工作需要下很多功夫。

好消息是，工作不仅能让你赚钱，还能让你获得宝贵的经验，帮你将来赚到更多的钱——哪怕你只是明确了自己不想以洗车为生。你的第一份工作有成千

上万种选择，但大多数都是门槛较低的工作，比如煎汉堡肉饼、做鸡肉卷、保洁、回收旧木板、抓鳗鱼……

说到这里就不得不提醒一下，不要把工作和事业混为一谈。你的第一份工作可能不会成为你的事业。当然也有例外，比如一开始只是去互联网公司实习*，结果最后一辈子都在这个行业工作。可是没人会在上班第一天就把行业要诀教给你。你需要证明自己能承担好基本的职责，并用持之以恒的毅力赢得信任。记住，你要努力工作——这是雇主了解你能否胜任工作的一种考验。现在，我们还是先关注如何获得第一份工作吧。

不要把工作和事业混为一谈。

这需要一点策略。首先，问问自己对什么感兴趣。赚钱当然很重要，但你真正对什么有热情呢？哪个行业或哪门生意让你感兴趣？

如果你梦想开一家属于自己的餐厅，可以先去当洗碗工，或许某个服务员生病时你可以替补，这样就有了一份餐厅服务员的工作。两年后，你可能继续留下来，也可能去另一家餐厅。嘿，你离梦想越来越近了。在找到一份理想的工作前，可能需要经历好几份工作（甚至是尝试几个不同的行业）。

“找份工作”总体规划

下面是找工作的关键步骤——接下来的几页里会详细说明：

1. 决定你想做什么工作。
2. 找到空缺职位。
3. 申请工作。

4. 参加面试（一次或多次）。

5. 不要放弃！重复步骤 1 ~ 4，直到你找到工作。

1. 决定你想做什么工作

你要做的第一件事是列出自己能做的工作。脑部手术显然不是当下的你能胜任的工作，管理世界银行也不是。你能做什么？不要说“我什么都不会”，每个人都能做点什么。快去思考一分钟吧。

好了，时间到！下面这些方法可以帮你弄清楚自己适合什么工作：

（下接第 45 页）

典型的第一份工作

典型的第一份工作常常是一些入门级工作，它们的含义就是字面上那样——进入金钱世界的“大门”，具体有：临时保姆、割草工、遛狗工、油漆工、洗车工、洗碗工、外卖员、服务员、推销员、超市理货员、快递分拣员、收银员、跑腿、健身房清洁工、流水线工人、机械师助理、高尔夫球童、幼儿园助教、家教、电脑维修员、采摘工，等等。

8 位亿万富翁和他们的第一份工作

每个人都有一个起点——亿万富翁也不例外。注意，下面这 8 位亿万富翁一开始都没有光鲜亮丽的工作。像其他人一样，他们也是一步步走到今天的。

亿万富翁	公司	第一份工作
杰夫·贝索斯	亚马逊网站创始人	麦当劳烧烤工
奥普拉·温弗瑞	哈普娱乐集团创始人	超市理货员
迈克尔·戴尔	戴尔公司创始人	中餐厅洗碗工
查尔斯·施瓦布	嘉信理财公司创始人	在森林里捡核桃，然后以每袋（重约 45 千克）5 美元的价格出售
迈克尔·布隆伯格	彭博有限合伙企业创始人，前纽约市市长	停车场服务员
莎拉·布莱克利	内衣品牌 Spanx 创始人	在迪士尼乐园扮米老鼠，引导“未来世界”园区的客人乘车
巴里·迪勒	互动公司（IAC）和亿客行公司董事会主席	从威廉·莫里斯经济公司（WMA）收发室开始职业生涯
沃伦·巴菲特	伯克希尔·哈撒韦公司首席执行官	13 岁时骑自行车送报纸

· **把一张纸分成两半。**一半列出你的技能和长处，另一半列出你的兴趣。想想什么工作能同时满足这两部分需求。你喜欢跟人互动交流吗？零售业或餐饮服务业是不错的选择。喜欢动物？可以留意照看宠物或在宠物医院帮忙的工作。

· **四处打听。**找家人和朋友聊一聊，问问他们年轻的时候做什么工作。答案可能会让你大吃一惊，也可能启发你去找一份从来没想过的工作。

我什么时候能开始工作？

在中国，法律规定的最低就业年龄是16岁。在劳动行政部门批准且保障儿童义务教育权利的情况下，一些文艺、体育之类的特种工艺单位可以雇用16岁以下的童工。在年满18周岁之前，你的工作时间和可从事的工种也受到各种限制，不能从事一些危险工作——比如在核电站工作，操作电锯或开出租车。

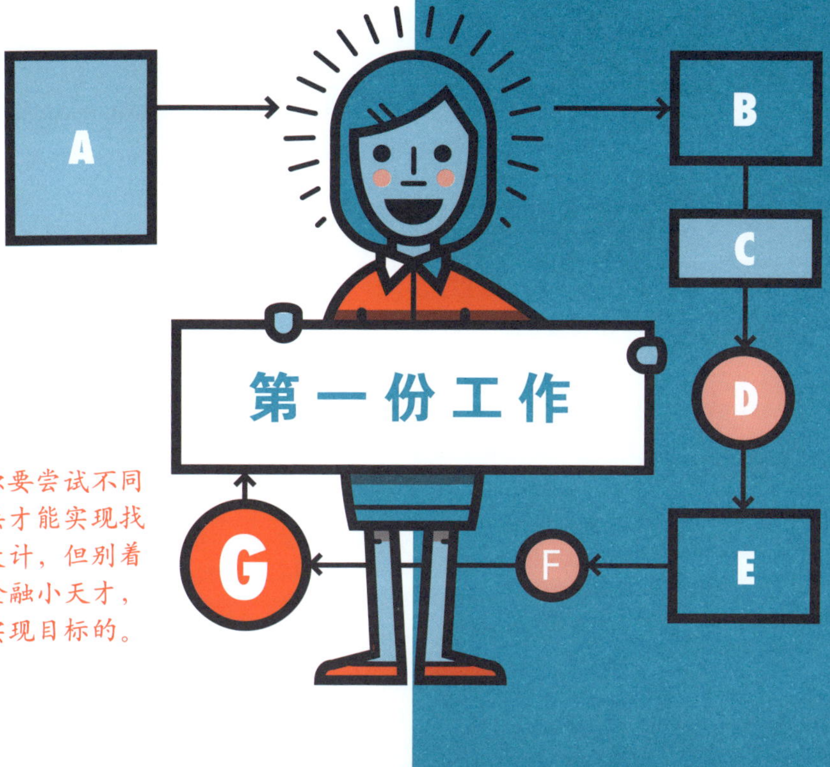

或许你要尝试不同的方法才能实现找工作大计，但别着急，金融小天才，你会实现目标的。

相关法律规定在网上很容易找到，大多数雇主也有所了解。不过，规则也有例外。比如，你可以在家族企业中为父母工作。

还不到最低工作年龄？

只要能在工作内容和时薪上达成一致，你可以随时为朋友或邻居工作。你可以每天帮邻居家遛狗、帮小区的人清扫落叶、帮人洗车。我们知道有一个小女孩，她年龄太小，还不能工作，就帮人遛狗。如果你想成为年轻的商业大亨，可以阅读第6章学习如何创业。

· **志愿者。**你可以在各类慈善机构帮忙，这是获得各种技能、尝试新工作和找到符合自己兴趣的工作的好方法。

· **考虑你的本性。**你是早起的鸟儿还是夜猫子？你为人风趣幽默还是比较严肃？习惯守时还是经常迟到？想一想，什么样的工作最贴合你的个性。

有很多公司提供实习机会。实习工作通常是无薪或低薪职位，但你将收获宝贵的工作经验，并有机会进入你的理想行业。

2. 找到空缺职位

下一步就是找到空缺职位。空缺意味着企业迫切地想要找到适合这个岗位的人。你可以通过以下途径找到空缺职位。

· **家人和朋友。**与认识的人交流相关信息是最好的开始。所以，大胆说出来吧！告诉所有认识的人，你正在找工作。务必与正在从事你喜欢的工作的人聊一聊，看看他们工作的地方是否雇用新人。这样你就有机会获得内部推荐！

· **招聘网站**。在招聘网站或软件上搜索你家附近企业的招聘启事，会出现很多结果，或者看看本地的论坛，还可以在报纸的分类广告里找一找。请一位值得信赖的大人帮你一起筛选工作，面试前一定要彻底调查清楚招聘方的情况。

· **直接去询问**。比如餐厅和零售商店，你可以直接走进去询问他们是否招人。

· **企业网站**。如果你想去某家公司工作，可以看看他们的官方网站上是否有招聘信息。

3. 申请工作

一旦你找到了空缺职位，就要填写入职申请表或提供简历*，有时候两者都需要。

当你准备申请一份工作时，很可能要立即填写申请表，下面这些信息你应该提前准备好：

· **个人信息**，包括你的出生年月和联系方式等。

你喜欢宠物？那就去动物收容所或宠物医院做志愿者吧。

· **工作经验**，包括过去的工作经历、工作时间和前雇主的信息。你也可以提供志愿服务经历。

· **推荐人**，雇主可以通过联系这个人，确认你是否值得信任。前雇主是最佳推荐人，你也可以提供老师、教练或其他熟悉你的成年人的联系方式。尽量不要提供朋友或家人的联系方式，毕竟雇主们并不想听到你妈妈的保证。

制作简历！

假设你想做临时保姆或超市促销员，雇主会想要了解你是什么样的人。简历就是一份讲述你的工作或商业经历的资料，一份让雇主雇用你的广告。即使你要申请的工作不需要提供简历，这也是个很好的练习机会。

务必让你的简历看起来专业一些。不一定给所有雇主同一份简历，你可以针对不同工作对简历进行调整。

优秀的简历包括哪些信息？

姓名和联系方式。把你的名字、电话号码和电子邮箱放在简历上方。确保邮箱地址不会显得幼稚或无礼——如果你的邮箱是 partydude@lazymail.com（派对男孩 @ 懒人邮箱），可能需要为申请工作准备一个新邮箱。

求职目标。告诉雇主你正在寻找什么样的工作。填写这一项的时候，不要害怕展示技能，可以用自己的话表述，比如这样：

针对应聘职位调整目标。如果是在高尔夫球场找工作，

求职目标

希望在餐饮业找一份工作，以便发挥卓越的人际交往能力。

可以将目标改为“希望在高尔夫行业找一份工作”。如果是应聘超市职位，可以改为“希望在食品和零售业找一份工作”。

教育背景。列出你上过的学校。不需要追溯到幼儿园，但应该列出你目前在读的学校或参加过的相关课程名称。如果你正在申请一份日间儿童托管的工作，可以把之前参加的有关如何照看小孩的课程经历写出来。如果你正在应聘乐器行的工作，不要忘了把之前参加乐队或管弦乐兴趣班的经历写上去，有获奖经历和其他荣誉信息的话，也记得加上。

工作经历。你的实际工作经历可能比自己以为的更丰富。把所有带薪、无薪和志愿工作经历都列出来。如果你正在申请一份有关园林绿化的工作，就把帮助邻居修剪草坪或照料植物的经历写出来。罗列工作经验时，一定要把与申请职位匹配度最高的工作经历写在前面。

其他技能。这里要写能帮助你从候选人中脱颖而出的其他技能。例如会使用特殊的软件，或通过志愿工作获得的技能。如果你正申请一份超市的工作，也许你过去在食品店整理货架的工作经验就能帮上忙；如果你曾在动物收容所当过志愿者，那么申请宠物医院的工作时，就不要忘记把它写进简历；如果正申请临时保姆的工作，而你接受过心肺复苏术的培训，那就写出来。你还可以根据实际情况，写自己是个勤奋的人，做事积极主动，或者有良好的沟通能力。

兴趣与爱好。这不是简历里最重要的内容，但雇主会对你的兴趣爱好感到好奇。这会成为面试中一个绝佳的交流点。如果你喜欢滑雪，刚好又在申请一份滑雪场的工作，一定要把这一点写出来。朋友会请你帮忙修电脑吗？简历里可以提一句。别忘了列出自己参加的业余活动组织，以及得到的课外奖项或奖学金。

推荐人。许多潜在雇主都会要求有推荐人。可以把他们的名字和联系方式在简历里列出来，或者注明“可按要求提供推荐人信息”，记得提前与推荐人沟通相关事宜，确保雇主可以与他们联系，这一点很重要。

检查你的简历！

· **校对。**完成简历后，确保上面没有错别字或病句。一个错误可能就会导致你失去工作机会。

（下接第 52 页）

穿出成功

想要得到第一份工作吗？你上学或逛街时穿的衣服可不会为面试加分。别嚼什么口香糖，保持良好的眼神交流，放松。如果你能给面试官留下良好的第一印象，就有可能拿到第一份薪水！

简历模板

简历的格式并非一成不变。前面已经提供了相关指导，现在是时候制作一份属于你自己的简历了。可以参考下面的简历模板。

艾莉

家庭电话：111 111 1111 | 手机：444 444 4444 | 邮箱：ellie@youremail.com

求职目标

有意寻找一份暑期夏令营带薪工作，每周最多可工作 15 小时。

教育背景

中央阿兹利学校 （在此写明入学日期）

- 社团活动经历：乐队和舞台工作人员
- 所获奖项：优秀学生

特殊技能和兴趣爱好

- 喜欢跟孩子们在一起
- 可以用制图软件制作有吸引力的海报和广告宣传单
- 能熟练使用 Word、Excel 和 PowerPoint 办公软件
- 负责家里的垃圾分类
- 会弹贝斯
- 喜欢读剧本和名人传记

志愿工作和社区服务

×× 市 ×× 医院

儿科病房志愿者 （在此写明日期）

- 为孩子们读书，陪他们做游戏
- 保持游戏区的整洁，确保玩具收放整齐
- 给医务人员帮忙，完成他们布置的任务

×× 市 ×× 康乐部

日间夏令营培训辅导员 （在此写明日期）

- 带领 5 ~ 8 岁的小朋友开展艺术、手工、体育、游戏、露营和兴趣小组活动
- 确保营员被安全送达营地

目标

- 进大学攻读心理学或音乐专业
- 明年加入啦啦队

记住，即使一些公司暂时没有空缺职位，你也可以提交简历。很多公司会把简历存档，当职位出现空缺时，就会给有潜力的候选人打电话。所以要尽早申请，及时跟进！

历史性胜利
历史性失败
历史性胜利

失业不是世界末日，也可以是一个全新的开始。以史蒂夫·乔布斯为例，他 20 岁时创建了苹果公司。10 年后，乔布斯被董事会赶出了自己的公司。之后，他成立了 NeXT 公司，而 10 年后，这家公司开始研发用于 Mac OS X（苹果操作系统）的软件。乔布斯还创立了皮克斯动画工作室，工作室持续出品了许多创造票房纪录的动画片，包括《玩具总动员》《海底总动员》《头脑特工队》等。离开苹果公司 12 年后，乔布斯被请回去担任首席执行官，重振苹果公司，使其走上新的巅峰。

· **简洁。**避免使用怪异的字体和颜色。保持简历页面简洁，把精力用在突出简历的重点上。

· **更新。**几乎没人第一遍就把简历写得完美无缺。你需要不断调整简历，更新内容，使其匹配目标职位。

· **永远不要撒谎。**绝对不要！如果没有任何相关经验，就不要胡编乱造！

4. 应对面试

假设你是雇主，如果对应聘者没有更深入的了解，你是不会雇用这个人的，对吗？其他人也一样。因此，想要得到一份工作，你就应该知道如何在面试中脱颖而出。所有人在求职面试*的过程中都会紧张。不过，如果能做好准备，就会放松很多。

下面是一些面试建议。

· **提前准备。**针对应聘公司做一些调查。尽可能了解它提供的商品或服务*。这能让你更轻松地说出能为公司创造哪些价值，以及如何成为一名优秀的雇员。

· **练习。**上网搜索一些常见的面试问题和回答，然后与朋友或家人进行面试练习，请他们问你五六个问题。学会自信地作出简洁明了的回答。

· **有好奇心。**面试过程中，主动问一些关于应聘公司的问题。公司是否有意扩大规模？公司未来计划开拓哪些产品*或服务？还可以问一问公司未来 5 年的发展计划。这么做可能有点尴尬，但会令人印象深刻，它表明你有意为公司发展贡献自己的力量。

· **自信。**直视面试官的眼睛，与面试官握手致意时要坚定有力。哪怕很紧张，也要装作不紧张！如实回答问题，但语言要简洁。不能只回答是或不是，但也不能没完没了地谈论你上次假期的旅行。

· **跟进！**面试结束后，可以给面试官发一封致谢邮件。如果想给他们留下深刻印象，可以手写一张致谢便条。不要害怕在一两周内主动跟进面试结果。可以参考右边的致谢便条：

琼斯女士：

感谢您百忙之中就夏季产品助理一职对我进行了面试。如果雇用我，您的公司将会增加一名充满激情、勤奋工作的员工。相信我的技能会为公司创造更多价值。如果您需要了解更多关于我的信息，请随时联系我。期待收到您的回复。

由衷感谢！

肖恩

5. 不要放弃！

如果你没有得到某份工作，不要灰心丧气。大多数找工作的人在应聘成功前都会投很多份简历。成功的秘诀在于不要放弃。有时候收到为何不雇用你的反馈信息也很重要，所以不要害怕跟进公司面试的结果，尽量总结自己怎样才能做得更好，哪里已经做得很好，或者哪里还有不足。然后不断提高技能，让简历更具含金量。坚持不懈，总有一天，有人会对你说："恭喜，这份工作是你的了。"

保住你的工作

一旦开始一份新工作，你就必须证明自己值得被公司留下来。下面是一些有助于你脱颖而出的建议：

- **管理形象。** 形象整洁表明你对待工作很认真。如果工作时需要穿制服，就要确保制服洁净。如果公司有着装要求，务必遵守。

拿到第一份薪水时，你会感觉像是拿到了 100 万——哪怕只是得到了 100 块。

· **守时。**公司为你的时间付费，因此他们希望得到相应的工作成果！每天早点到公司，你一定会因此引起注意。

· **多听，多看，多学。**注意观察那些资历更久的人的表现，他们能给你提供宝贵的信息。

· **全力投入。**想办法提高技能，有空时要乐于帮助其他同事，做任何事都要尽心尽力。

· **大胆表达。**一段时间以后，对于如何把事情做得更好，你可能会有一些好的想法。这时候不要害怕分享自己的想法。

· **诚信守纪。**很多公司都有一些工具、产品和设备让人忍不住想“借用”。千万别动这种歪脑筋。

· **积极主动。**如果你主动承担项目的任务，一定会引起老板的注意。

· **征求意见。**不要害怕询问老板你的表现如何，以及有哪些地方需要改进。

你已经步入正轨！

现在，你有工作了，也有了一定的收入。恭喜！希望新工作非常适合你，并且你也迫不及待地想要开始遛狗、修剪草坪或者煎汉堡肉饼了。别忘了回顾一下你的计划、目标和预算，开始努力存钱。

很多雇主会以存款的方式把工资存入你的银行账户。选择这种领薪方式吧！收到第一笔薪水会让你感觉自己很富有，很可能忍不住把它们花光。储蓄账户则有助于你管理这笔钱，避免努力工作的成果付诸东流，那可是你辛苦工作挣来的钱，不要就这么白白用掉了。把钱存好，日积月累，你就能顺利挣到 100 万！

长话短说

1. 要想存到 100 万，最快的方法是找一份工作。
2. 清楚你想做什么工作，找到空缺职位，写好简历，申请工作，准备面试。
3. 一旦得到一份工作，就要全力以赴，并且将一部分薪水存在储蓄账户里。

第 6 章

创业

想想那些有钱人，私人岛屿、鱼子酱欧姆蕾蛋卷、黄金游艇……他们是怎么拥有这一切的？只靠存零用钱吗？收集优惠券？买佛罗里达荒无人烟、没有升值空间的沼泽地？都不是。他们靠的是开创自己的事业。

不要误会，工作当然是很好的选择。你能得到固定薪水，老板会告诉你要做些什么，而且你不用投入一分钱。

创业则完全不同。没有薪水，没有老板，你要独自承担所有风险。既然如此，创业有什么优势呢？为什么要创业？当然是为了赚钱！

当然，也不一定能赚到钱。创业的盈利潜力*几乎比你做的其他事情都要大，但同时也更容易损失金钱。创业过程中存在太多风险。但是，如果你真的想存够100万，可以认真考虑一下创业。

为什么从现在开始？

即使你的第一次尝试赚不到100万，下面6个理由也足以让你早日创业①，而不是等到满脸皱纹、白发苍苍。

1. 感觉超棒。没有什么比想出一个点子并付诸实际行动、看着它发展壮大的感觉更棒了。

2. 赚大钱。创业是把100块变成100万的最佳途径。一旦你想出一个能赚钱的点子，前途不可限量。

3. 现在就是最好的时机。真的，童年时光无比珍贵。成年人背负着各种各样的责任，使他们更难承受风险。而且，人们会觉得孩子很可爱，这有助于你向他们售卖更多东西。

4. 当自己的老板。没人喜欢被差遣，所有人都喜欢当老板。当然，在招到员工之前，你只能差遣自己了。所以，尽快雇一个兄弟姐妹为你工作吧。

5. 尽早受挫。每一个成功的商人在登上人生巅峰之前，都难免经历一系列挫折。而你有机会比后来者先一步处理好这些问题，并且从错误中吸取经验教训。

6. 提升形象。自己当老板的经历会让你的学校申请表或简历看起来很有含金量。这可以表明你是个积极向上、聪明机智和有责任感的人。（下接第60页）

①创业的其中一种形式是注册公司，我国未成年人也可以注册公司，16岁以下未成年人需要由法定代理人代理，16岁及以上可直接注册公司。

孩子真的能创业吗？

拥有自己的企业很棒，一些孩子早在成年之前就开始创业了。这些年轻的企业家都以不同方法赚到了数百万。他们的共同点就是：找到了市场需求，并且在小小年纪就开始行动。

10 岁的麦迪·布拉德肖准备装饰储物柜时，到处都找不到让她满意的装饰磁贴，于是决定自己制作。凭借 300 美元的启动资金和独一无二的点子，麦迪创建了“开盖”公司，用瓶盖制作磁贴。很快她又发现，用自己的瓶盖做成项链来销售也是个不错的点子。在妹妹玛戈和妈妈的帮助下，她将“开盖”发展成了全美知名的品牌，不到两年的时间就实现了月销售 5 万条项链的业绩。

法拉·格雷 6 岁的时候就开始卖润肤露。13 岁的时候，他创立了法拉食品公司，第一年就创造了 150 万的销售额，成了百万富翁！从那时候开始，法拉发起了一系列创业项目，出版了多本畅销书，成了一名励志演讲家，并且加入了多家公司的董事会。在华尔街*拥有办公室的人当中，法拉是最年轻的。

尼克·达洛伊西奥在 17 岁时成了互联网行业的焦点，当时雅虎以令人咂舌的 3000 万美元价格购买他开发的智能手机应用程序。尼克 12 岁的时候开始自学编程，最终成功开发出一款名为 Summly 的新闻应用程序，引起了雅虎的注意。

乔恩·昆翻看父亲的日本汽车杂志，好奇为什么美国没人用特别的零件或独特的喷漆装饰他们的车。之后，乔恩拿出 5000 美元积蓄，通过海外供应商购买相关设备。他与一名当地技工合伙，开始用高端喷漆、音响系统和发动机改良汽车。这门生意越做越红火，成为一档热播电视节目的主要赞助商之一，并让他在 16 岁时就赚到了数百万美元。

有计划才完美

也许当你读到这里的时候，脑子里已经冒出了无数个创业计划；也可能你走神了，正想着多少个三明治才能填满自由女神像。不管怎样，你都需要一份商业计划*。

有了商业计划，你就能在创业前发现一些问题。比起投入时间和金钱后才发现问题、还不一定能及时解决，趁现在用“删除”键解决问题要容易得多。你也不想在制作了1000个蓝色小挂件后才发现客户只想要红色的吧？

制定商业计划很简单，实际上只要一页纸就够了。我们已经在132页准备好了一份商业计划模板。如果你已经有了创业的想法，制定商业计划是整理细节的好方法。即便没有创业的想法，也可以把它当作激励自己的工具。在制定商业计划之前，你需要好好想想这4个步骤。

第1步：“好主意？”

每个强大、成功的企业都始于一个好主意。如果你脑子里已经有一个主意，那就太好了。在商业计划模板的“好主意”那一栏把它写下来。

脑海里一片空白？放轻松，试试这样做：在右页的每个提示栏里写下你的答案，就有可能把它们转化为“摇钱树”！需要更多灵感？上网搜索、问问亲朋好友……想尽一切办法获得灵感。不过要实际一点，不要指望一夜之间发明出下一款苹果手机。

好的商业计划少不了4个D

假设你有一些好主意，可是要怎么筛选呢？可以借助下面这4个D来做决定。

· **与众不同（Different）**。你不需要发明反重力爆米花，让它们飘浮在空中。你只需要想个主意让你的爆米花与众不同，比如加点特别的香料，或者有酷炫的外包装。

· **符合需求（Desirable）**。你的美妆视频的观众可能大多是不满 13 岁的孩子。这些都是你未来的顾客（也就是"目标市场"），所以快找到他们！

· **充满活力（Dynamic）**。你的好主意不需要让所有人都称赞，只要你的顾客（最好还有你自己）喜欢就好。它可以是遛狗这样简单的工作，也可以是为吉娃娃制作手工雨衣这种特别的创意。创业会耗费大量时间，你得

反重力爆米花：
完美的无重力零食

想一想	回答范例	赚钱的主意范例	你的回答	可能赚钱的主意
你喜欢做的事	骑自行车	在家乡组织自行车观光旅行		
你擅长做的事	帮父母解决电脑问题	教老年人使用电脑		
你关心的事	环境保护	帮助人们寻找绿色环保产品		
人们需要但暂时还没出现的东西	一个更方便放置儿童物品的汽车后座收纳盒	把它做出来！		
你崇拜谁？那个人擅长做什么？	我的祖母，她能烤出超级好吃的馅饼	出售用她的秘方制作的馅饼		

学会乐在其中。

· **切实可行（Doable）**。乘飞船近地轨道旅行这样的主意可能不太实际，不是现在能做到的事。想想其他更简单可行的事吧。

第 2 步：疯狂营销

无论是出售产品还是服务，如果没有市场营销*的支持，就只是闹着玩。市场营销是宣传生意的方法，包括亲自向其他人展示产品、发放传单、创建网站，等等。

在向客户营销之前，务必先搞清楚客户的身份。潜在客户即那些可能会购买产品或服务的人，也就是你的目标市场*。还记得那些为吉娃娃手工制作的雨衣吗？要销售这个产品，就不能对没有狗的人营销。那些雨衣是奢侈品吗？如果是，可能就要针对那些有闲钱的养狗人士做宣传。因此，与其在不允许养宠物的公寓楼里贴传单，你可能更应该在附近的宠物友好型社区信息栏上登广告。

营销的 4 个 P

如果你已经找到目标市场，就要开始考虑 4 件事，它们的英文名称恰好都以字母 P 开头：产品（product）、价格（price）、地点（place）和促销（promotion）。

1. 产品

你要卖给客户的是产品。针对这一点，你要考虑的问题包括：商标或品牌名称是什么？产品的尺寸、外观是怎样的？采用什么样的包装？按什么质量标准生

（下接第 64 页）

适合孩子的简单商业构想

服务

- 为宠物、孩子或家庭活动拍照
- 为庆祝节日包装礼物或装饰屋子
- 教授或运用电脑技能输入数据、处理文档或制作小手册、海报和网页
- 教音乐或辅导低年级学生
- 当临时保姆或家长的助手
- 教游泳
- 临时照顾宠物，如给宠物洗澡、遛狗等
- 临时帮忙看家或照料植物
- 提供清洁地板和窗户、收拾垃圾、整理橱柜等家政服务
- 洗车
- 跑腿：去超市买食物，然后送到顾客家门口
- 给栅栏或家具刷漆上色
- 修剪草木、清扫落叶、铲雪
- 娱乐宾客：在孩子的生日派对上扮小丑、演奏音乐或变魔术
- 活动策划：组织邻居们开展旧货甩卖等活动
- 回收瓶子和罐子等可利用资源

产品

- 设计和制作以下产品出售：
  - 烘焙食品、糖果或宠物零食
  - 鸟笼和喂食器
  - 涂鸦T恤和运动鞋
  - 针织帽、手套和围巾
  - 相框
  - 贺卡
  - 节日装饰用品
  - 小首饰
  - 钥匙链
  - 钱包
  - 香皂和蜡烛
- 收售二手自行车和玩具
- 摆摊卖柠檬水、果汁、水果、蔬菜、鲜花等
- 在网上卖衣服
- 在网上卖二手书
- 批发食物或糖果，然后赚取差价
- 买一台自动售货机替你售卖

产品 VS. 服务

还是确定不了创业内容？无论选择哪种创业方式——是摆摊卖柠檬水还是修电脑——都是出售产品、服务或两者的结合。

服务

相对来说，提供服务比较容易上手。比如打扫庭院，做临时保姆、室内保洁等。但是，如果没有雇人帮忙，你每天能提供的服务就是有限的。

产品

产品就有点没那么容易把握。你需要投入资金，还有可能找不到或开发不出独特的产品出售。不过，如果你的产品受欢迎，就能赚钱。

产？提供退货保障吗？服务的特点是什么？当你思考产品的时候，要尽可能考虑到所有细节，也就是你准备提供给客户的全部价值。

2. 价格

你的产品或服务的价格是多少？下面一些方法能帮你确定合适的价格：

- 计算每个单品的制作成本，在此基础上增加利润*。假如你要卖果酱，每罐果酱的制作成本是 3 元，你想获得至少 25% 的利润，那就在 3 元基础上加价成本的 25%，也就是说每罐果酱的定价是 3.75 元。
- 研究竞争对手，定价只比同类产品高一点或低一点。
- 问问大家愿意花多少钱买你的产品。
- 试着以某个价格出售你的产品或服务，然后根据销售结果调整定价。卖得好，就能适当提价，卖得不好，就降点价。

记住，价格也是你给客户的附加价值。如果邻居家的孩子靠修剪草坪赚钱，你可以以相同价格提供修剪草坪附带花园除草服务。如果你要卖饼干，就把它们包装得好看一些。想办法为你的产品增值，这样才有竞争力。

3. 地点

客户能在哪里买到你的产品或服务？网络还是实体店？想想你能在哪里找到目标市场，然后想办法让他们能方便地买到你的东西。如果你要洗车赚钱，就要弄清楚那些开着脏兮兮的汽车的人在哪里。要让客户在急需某物时能够轻易找到你的产品。

你注意到超市总是把口香糖放在收银台旁边吗？店家运用这一技巧，能卖出更多口香糖。

4. 推销

现在，是时候把你的创业消息传播出去了。这是你第一次创业，当然希望用最少的钱创造最大的影响力。下面是吸引客户注意力的 9 个策略。

口口相传。相比于广告，人们更相信其他人的评价。请那些对产品满意的客户把它介绍给朋友，如

努力推销这些小狗外套吧！

果他们能为你带来一位新客户，可以给他们折扣价。

创建网站。现在有无数免费或低成本的网站服务，比如博客。不要把网站设计得太花哨，至少一开始不要。只须选择一个基础模板，写清楚内容，然后把链接发给你认识的所有人。

赞助活动。为学校或社区活动提供帮助，作为回报请对方同意你在活动场地张贴海报，用来宣传你的产品或服务。

印制名片。即使在科技高速发展的现在，也还是需要一张得体的传统纸质名片。

免费报道。向当地媒体介绍你创业的情况，一定要说明你是一位少年企业家。你就是现成的充满真实感的创业故事素材。

制作传单。印制一批传单，征得同意后把它们贴在公共布告栏里。

写一篇宣传文章。本地小媒体还有一些博客通常会接受投稿。可以推广一下自己，别忘了附上你的联系方式。

众筹

可以通过众筹*来筹集资金创业或者扩大生产。这是一种面向公众募集资金的方法，通常在网络上进行。捐助人往往会获得一些回报，比如一只酷炫的手表、一张签名电影海报或者其他东西，这是他们帮助其他人创业后得到的报答。

把品牌穿在身上。制作一些印有公司商标的T恤。这将成为很好的对话开场白！

录制视频。再次提醒，不要华而不实。录一个简单的视频（可以用你自己的手机或借别人的），展示你的产品或专业服务，上传到网络让所有人看到，不要忘了分享视频链接！

第3步：你的主意能赚钱吗？

现在你已经有了一个创业主意，是时候遵循商业成功的第一法则——获取利润了。利润是付清所有账单后剩下的钱。

收入必须高于开支，才能有利润。如果是提供某项服务，收入就是每小时的收费乘以期望工作的小时数；如果是出售某种产品，收入就是期望卖出的产品数量乘以单价。可以以一个月或一年为期，估算收入。

开支就是做生意的成本。你需要统计一个月或一年内在生意上支出的所有费用，包括显而易见的物资成本，以及比较隐形的营销成本等。

对于大宗交易，可以将成本分摊到更长的时间周期内计算。将总成本除以计划付清账单的月数，然后计入每个月的支出预算。比如说，你要为打理庭院服务购买一台3000元的割草机，并且将这笔费用分摊到第一年的生意成本中。用3000元除以12个月，每个月就是250元，这样第一年的每月支出中就包含了固定的250元。

从总收入中扣除总支出，就可以估算出生意能否盈利。如果得出的是负数，就说明不太可能盈利，有些地方需要调整。你能以更低的价格进货吗？能适当提高定价吗？能否削减营销预算？……不断调整，直到得出一个正数。如果最后还是不行，可以征求一些建议，或者试试其他主意。这就是在实际开始创业前，先制定商业计划的好处。

好记性不如烂笔头

月支出	
向“爸爸银行”偿还割草机费用	300 元
汽油和机油	180 元
磨刀	10 元
肥料	25 元
总支出	515 元

月收入					
工作类型	每周工作次数	工作时长	时薪	周收入	月收入
基础割草	4	1	20 元	80 元	320 元
割草 + 修整	2	2	20 元	80 元	320 元
割草 + 修整 + 除杂草	1	3	20 元	60 元	240 元
月度总收入					880 元
月度支出					515 元
月度总盈利					365 元

利维做得非常棒。不过她忘了考虑一件事，那就是在她生活的地方，只能在春季和夏季开展这项业务。她可能还需要投资一把打扫落叶用的耙子和一柄清理积雪用的雪铲，以便在秋冬季节开展其他业务。

赚钱是做生意的主要目的。可以专门做个预算来记录收入和支出，以确保银行存款余额在增长。你可以选择用方便的软件或者破旧的笔记本来记账——两者都能做好这项工作。很多人用应用程序记录收入和支出，只要找到适合你的方法就行。

下面是一些小生意的预算范例。

月支出	
原材料（串珠、线、胶水、毛毡）	140 元
网站维护	500 元
在线支付平台费用	50 元
总支出	690 元

月收入			
项目	价格	月销量	月收入
迷你手镯	10 元	20	200 元
大手镯	20 元	10	200 元
超级手镯	30 元	10	300 元
月度总收入			700 元
月度总支出			690 元
月度总盈利			10 元

安娜一个月只赚 10 元！她需要加强营销、削减成本，或者提高产品质量以增加销量。幸好她一直记录收入和支出情况，能够迅速调整。

设立单独的账户

将创业资金与个人收支混在一起的话，很难追踪盈利情况。如果你已经开通了个人储蓄账户，建议在另一家银行新开一个账户。同时要记得保留每一笔商业支出的凭证。“收据！你是指我扔掉的那些东西？”没错，这将帮助你记录支出。欢迎来到真实的商业世界！

第 4 步：开始营业

你已经仔细确认过商业计划的细节了吗？现在可以开始营业了。制作一批产品，给一些友好的受众试用，或者给认识的邻居提供服务。行动起来吧！

如果一切顺利

创业后，如果一切都按照计划顺利进行，那么，恭喜你！请享受成功，并且开始为 100 万的长期目标存钱吧。不过，千万不要安于现状，你需要：

- **保持警觉。**想想有什么方法可以让你的产品或服务更好？
- **保持领先。**想要在竞争中保持领先，就要做大量调研，跟客户多交流，了解最新趋势。
- **寻求帮助。**向亲朋好友征求意见或建议。如果有足够的流动资金，甚至可以花钱请人帮忙，扩大经营。
- **投资。**把一部分盈利用于营销、购买更好的设备，或者接受培训。这是让事业（和财富）长久增长的最佳方法之一。

如果一切没那么顺利

创业后，即便有些事情没有按计划进行，导致利润没有达到你的预期，也千万不要轻易放弃！

（下接第 73 页）

创业不是闹着玩

也许你只是个孩子，但如果你的年收入超过一定数额，也需要尽一份公民的义务——缴税，除非你做的是临时保姆或清理草坪这种家庭工作。最好到国税局查一查相关规定。

国税局会提供免税建议，去他们的网站看看吧。税法时常有调整，所以要持续关注你需要做些什么——谁都不想因为没交税，最后反而被罚款。这种情况经常发生在百万富翁身上。如果你真的想创业，最好找个会计师咨询一下，他们熟知这方面的事情。

多次创业

看一看那些亿万富翁，你会发现他们大多都有多次创业的经历，不会止步于一个赚钱的主意，从不停止前进的步伐。从教人跳迪斯科到创办杂志，再到绕地球飞行，亿万富翁们什么都尝试过。

奥普拉·温弗瑞

全力以赴！

· 在街角杂货店得到第一份工作。
· 16 岁，在当地广播电台播报新闻。
· 19 岁，担任电视新闻联合主播。
· 成为《芝加哥早晨》节目主持人，该节目后来更名为《奥普拉·温弗瑞秀》。
· 成立自己的娱乐公司——哈普娱乐集团。
· 制作电影《宠儿》。
· 创办《奥普拉杂志》，购买 24 小时有线电视频道“氧气电视网”的一部分股权。
· 投资 100 多万美元将音乐剧《紫色》搬上百老汇舞台。
· 美国 XM 卫星广播开播《奥普拉和她的朋友们》。
· 创建自己的有线电视网奥普拉·温弗瑞电视网（Oprah Winfrey Network，OWN）。

马克·库班

全力以赴！

· 12 岁，用卖垃圾袋的钱买了一双篮球鞋。
· 大学一年级通过教舞蹈补贴学费。
· 得到一份银行工作。
· 开始卖电脑软件。
· 创建一家软件编程和咨询公司。
· 创建自己的互联网广播公司 Broadcast.com。
· 以 2.8 亿美元收购达拉斯独行侠篮球队。
· 创建多家媒体公司。
· 与美国广播公司合作一档电视实况转播节目。
· 投资智能马桶圈。
· 以投资人身份加盟大热电视真人秀节目《创智赢家》。

理查德·布兰森

全力以赴！

· 11 岁，在学校向朋友售卖圣诞树。
· 18 岁，创办《学生》杂志。
· 成立维珍唱片邮购公司。
· 在伦敦创办维珍唱片行。
· 成立维珍唱片音乐公司。
· 创立维珍图书公司。
· 创建维珍大西洋航空公司。
· 创建维珍电信公司。
· 创办维珍理财公司。
· 通过维珍绿色基金，投资可再生能源领域。
· 开启商业宇宙飞船项目，旨在将乘客送入地球轨道旅行，票价为 25 万美元。
· 开办第一家维珍酒店。

· **别害怕。**继续宣传你自己，成功也许比你想象的更近。

· **调整。**弄清楚哪里不对，然后试着修正。是定价太高了吗？还是目标客户找错了？

· **享受过程。**希望你做的是自己喜欢的事情。放轻松，尽情享受，然后看看生意是否有起色。

· **再来一次。**如果第一个创业主意行不通，那就重新开始，尝试其他事情。尝试的次数越多，成功的概率就越大。

别害怕失败

第一次创业没有成功？很多人和你一样。成功还是失败，往往取决于能否坚持到底。肯德基创始人桑德斯上校在第一家餐厅愿意试用其香辛料配方之前，曾经向 1000 多家餐厅推销过自己的炸鸡配方，可是都遭到了拒绝。还记得之前提过的托马斯 · 爱迪生和史蒂夫 · 乔布斯的例子吗？他们都做了同一件事，那就是计划。如果有什么不对劲，就回过头去看看商业计划，找找哪里出错了。坚持执行计划，也许你就是下一个桑德斯上校！

长话短说

1. 制定一份计划。一份可靠的商业计划能让你在创业前想清楚将要面对的各种挑战，增加成功机会。牢记 4 个 P 和 4 个 D。
2. 从小事做起。一开始你不用为创业投入太多资金。想要开展汽车清洗业务，你只需要打印一些传单，发给周围邻居。
3. 追踪资金流向。单独开一个银行账户，持续关注收支情况。这是弄清楚某段时间内是否盈利的最佳方法。
4. 行动起来。再好的商业计划在你行动之前也只是一份计划。创业需要努力和毅力，尤其是那些能帮你赚到 100 万的创业计划。

第 7 章

存钱，存钱，存钱

所有人都知道怎么花钱。把钱交出去，然后换得想要的东西。问题在于首先要有钱可花。如果只知道怎么花钱，几乎不可能成为百万富翁。

越快学会存钱，就能越早实现目标。当然，你并不需要一辈子都疯狂存钱。如果你能像百万富翁那样存钱，只需要存 100 万的一小部分，然后让钱生钱就可以了。

存钱很酷

有些人觉得存钱一点也不酷。他们觉得只要看上去像个百万富翁，自己就是百万富翁了。然而他们不是，而且可能永远都成为不了。长大后你会听到很多这样的故事：某个人曾经很有钱，但是没有存钱的习惯，后来他不仅花光了所有，还负债累累。

攒钱是一件很爽的事。存款一天天变多，意味着财力在增强。你可以有意识地培养自己存钱的习惯，并把它当成终生的游戏。只要稍加练习，就能玩转这个游戏。

如何存钱

（简单版）

不要花钱。没别的。

真的，不要花钱。

谢谢。

如何存钱

（加长版）

存钱或许比你想象的要复杂一点点。理论上来看，存钱很简单：保持赚来的钱（收入）比花出去的钱（支出）多。但你怎么知道什么时候该花钱，什么时候不该花钱？怎么才能抵制那些消费诱惑？怎么才能守住你那好不容易鼓起来的钱包？秘诀就在于区分“需要的”和“想要的”。

给自己真正需要的

你应该听说过有人为了存钱创业而整天吃方便面，当然我们并不提倡这么做，不过大多数人都没有这样的自制力。这时就需要学会区分“想要的”和“需要的”。

“需要的”通常是一些比较基础的东西：食物、水、衣服和住处。“想要的”则是我们渴望得到的东西——让我们感觉良好、生活更便利，或者让别人注意到我们的东西。没有它们，我们依然可以正常生存，但会有一种强烈的渴望，想花钱拥有它们。你需要水，但你想喝气泡水；你需要住处，但你想住豪宅；你需要交通工具，但你想要跑车。如果能将“想要的”和“需要的”区分开来，就更容易下定决心存钱。试着问问自己：

“如果没得到______，
我真的会活不下去吗？”

如果问题的答案是否定的，恭喜！你其实不需要那件东西，也不必为它花钱。刚才说的那些也许有点夸张，但几乎所有人想要的都比需要的多。限制消费是你必须学会的规则。

为未来存钱

下面列出了把钱存进银行的3大理由：

1. 安全。银行能保证你的财产安全——比放进小猪存钱罐安全多了。它受政府保护，就算银行出了意外，你的钱也会有保险赔付。

2. 利息。银行会因为借用你的钱而额外付钱给你，这就是“利息”。银行会把你存的钱（变为储备金后）以更高的利率借贷给其他人或公司。尽管银行利息并不高，但也比你把钱放在装袜子的抽屉里赚得多。

3. 减少冲动消费。老话说得好：“眼不见，心不烦。”如果你把钱存起来，可以大大增加安全系数，避免因冲动而花钱。

存进银行

存钱并不是把现金藏进放袜子的抽屉里。如果口袋里有一叠现金，你会感觉它们总在低声叫着：“花了我！花了我！”你就很难存钱。想避免消费的诱惑，就要把钱藏在银行里。一旦你把钱花掉，它就永远消失了。家人朋友也有可能把它“借走”或者代为保管，然后很久都忘记还给你！一个不小心，甚至还可能被偷。

想要安全有效地存钱，必须在银行开一个储蓄账户，然后定期往这个账户里存钱。这是实现100万目标的最佳方法。

再说一遍：

这是实现100万目标的最佳方法。

银行的作用是什么？

商业银行以盈利为目的，为股东（持有银行股票的人或机构）赚钱。银行的服务范围很广，包括开设储蓄和支票账户，提供理财投资选择等。大多数银行的储蓄账户都受到存款保险的保护，万一银行破产，储户不至于蒙受损失。

别把钱放进装袜子的抽屉里。

如果你想随时都能找到自动取款机取钱，最好选择在大型国有银行开户。如果你想获得更高的利息，享受更低的服务费，可以考虑商业银行。重要的是为实现你的财务目标作出正确的选择。

开一个储蓄账户

如果你不满16岁，就需要父母或其他监护人帮你开一个账户。这位成年人被称为代理人，你的储蓄账户里的钱，由代理人帮你维护。确保挑选你真正信任的人作为代理人，最好能让你来决定自己的钱如何安排，这样这个储蓄账户才真正属于你。在你满16岁后，就可以独立打理这个账户了。

你还需要了解下面一些重要事项：

如果你把100万张1元纸币摞在一起，高度大约有107米，今天就开始把钱存进储蓄账户吧！

校内信用社

你知道吗？全美有900多家校内信用社！这些信用社由学校里的学生经营，专为学生服务。这样一来，交餐费就很方便了[1]！虽然大多数校内信用社只能开设储蓄和支付账户，不过，学生们可以自己在这里开户，不需要代理人。

①中国的很多学校可以把餐费充值到饭卡，也很方便！

• 从法律上来说，账户里的钱属于你。但是，代理人也可以行使交易权。

• 账户所有人（也就是你）可以查看账户收支状况，这和普通账户一样。

• 之所以开设储蓄账户，目的是存钱。你可以给自己的账户设置消费额度，每个月只能从中取出一定数额的钱。

重要的是现在就开一个账户！你可以在街角的银行开一个，或者在自动取款机最多的银行开一个。你还可以跟父母在同一家银行开户，这样更省事——你可以跟柜员说：“请把零用钱直接存入我的账户！”

先给自己付钱

尽管之前已经提过，但这点实在太重要，需要再次强调。你会怎么使用零用钱？是用它付费玩新游戏、买新牛仔裤，还是跟风换一部新手机？如果你总在花钱买东西，

先给自己付钱，这是本书中最简单的窍门。千万别忘了！写下来！一笔一画地写下来！

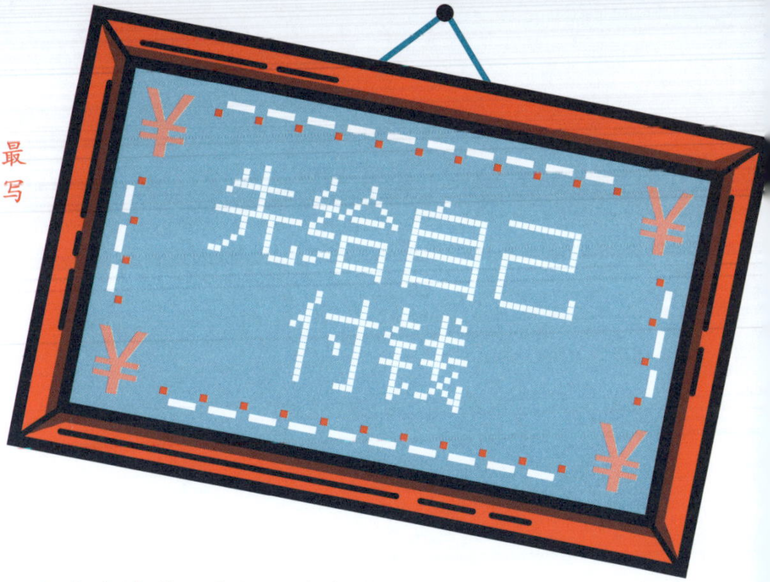

又怎么可能存下钱呢?

解决方法就是，不能随便花钱，每次要先给自己付钱。

先给自己付钱的意思是，每当有钱进了你的小猪存钱罐或者小金库，在花掉之前，先把一部分存进储蓄账户。不要忘记，你的头等大事是实现存钱目标。可以从兼职收入中拿出 10 块钱，或将零用钱的 20% 存起来。把这项支出写进预算，每次优先把这笔钱付了。这是先给自己付钱策略的关键一步：在奔向商店之前，确保这笔钱先进了银行账户！

如果把实现 100 万计划比作一株植物的生长，一开始它看起来可能很弱小，但请坚持存钱，看看它会长成什么样。

教你一个事半功倍的方法，就是让一切自动运行。给账户设置每月自动转账功能，把钱定时转到单独的储蓄账户。可以通过银行办理这项业务。每个月向另一个单独的账户转账存钱——这样你就不会禁不住诱惑花掉它，这是实现目标的一个简便方法。务必确保账户里有足够的钱可转！

（下接第 83 页）

选择银行时要考虑的问题

多走访几家银行，对比一下各家的利率、收费、服务和储蓄奖励措施，选一家最适合你的。在银行条款中会有一些规定，记得咨询：

• 你们的存款利率是多少？（会比较低，但暂时没关系。）

• 开储蓄账户会收费吗？

• 账户有没有最低存款额限制？

• 你们有多少分行？

• 提供网上银行服务吗？（拜托，现在可是 21 世纪！如果他们不提供这项服务，马上转身离开！）

• 你们有手机银行 app（应用程序）吗？

现在存钱 = 蓄力未来

坚持不懈。不论存的钱是多是少，也不论你是每周存还是按月存，定期向储蓄账户存钱才是关键。可能要过 3 个月，甚至 6 个月，当存款达到一定的数额，你才会注意到“银行账户里有钱了”。接下来，存钱很快就会变成你的一种习惯，到后面，每周不存一点钱，你都会感觉哪里不对劲。

当你养成了存钱的习惯，哪怕每次只存很小一笔钱，随着时间的增加，也能积少成多。下面和你分享一些富人和知名人士（以及没那么出名的人）的存钱小窍门供参考，希望能帮助你存钱。

- 积蓄“意外之财”。把叔叔给的 100 元压岁钱立即存进银行。
- 避免冲动消费。
- 在预算表里追踪支出。
- 时刻想着如何削减开支。
- 把借记卡和信用卡（如果你已经到了可以拥有它们的年纪）留在家，取消网上消费贷功能，平常

（下接第 85 页）

生活中最好的东西都是免费的！

想成为百万富翁，就得少花钱。这是否意味着没有乐趣了呢？当然不是。网上就有很多同城免费活动，你会发现各种免费的消闲方法。下面这些就不错：

- 大多数博物馆都有免费开放日，值得你参观。
- 大自然永远都免费。带上可以玩的东西，出发去公园吧。
- 看看图书馆有没有新书。查找最新出版的金融读物，还可以查查看有什么电影。在图书馆，这些通常全都免费！
- 和朋友一起创办一个“省钱俱乐部”。俱乐部成员每个月聚会一次，参加聚会的成员都要以极低的预算（比如每人 10 元）购买食物和娱乐小用品，互相交流省钱心得。

发挥你的才智存钱吧！

就像健美运动员养成了举重的习惯一样，想实现存钱目标，也应该养成存钱的习惯。既要发挥创意省钱，又要学会自律，不断往储蓄账户注入“能量”。如果这个过程中你犯了些错误，不要担心，下面的省钱小方法可以帮你回到正轨。

尽量使用现金支付，以减少花钱。

- 永远不要原价购买商品，上网搜索更低价格，选择合适的购买。
- 尽量自带午餐到学校，而不是花钱买。
- 多对比几家银行，挑选正规的且利率高的一家存钱。
- 自动存钱，向储蓄账户自动转账。
- 想办法把存钱变成一种游戏。可以把它变成朋友间的一场竞赛，看谁进展最快：这个月谁存的最多？这一年呢？

从今天开始！

如果你不学习像百万富翁那样思考，从今天开始存钱，这本书里的信息对你而言就只是看看，毫无实用价值。

你能控制自己的思想，不乱花钱吗？能定期先给自己付钱吗？能耐心地持续存钱吗？一开始你存的钱可能很少，很不起眼，但有一天你会突然发现，自己的储蓄账户里竟然有 1000 元了。接下来请做好准备，我们即将公开一个秘密，让你蜕变为真正的百万富翁！

长话短说

1. 想想怎么才能不花钱。
2. 弄明白“想要的”和“需要的”之间的区别。
3. 开一个储蓄账户，定期存钱、存钱、存钱！
4. 先给自己付钱。
5. 记住，存钱、存钱、存钱！

第 8 章

复利的力量

爱因斯坦没有说过“复利*是宇宙中最强大的力量”，如果他说过这句话，那他说得很对。复利就是宇宙中最强大的力量。这种说法缺少条件限定，可能存在争议，但在本书中，我们可以大胆地说，如果想把 100 元变成 100 万元，复利就是宇宙中最强大的力量。

是不是很感兴趣？下面就为你揭晓复利的秘密！

问题

你更想拥有哪一个选项？

A. 100万

B. 1分钱，连续一个月每天翻倍。（第一天1分，第二天2分，第三天4分，第四天8分……30天内一直如此翻倍。）

好了，按照B项的规律，好好算一下吧！

提示： 答案与复利的力量有关。

好啦，答案送给那些懒人：
A也不差，但是你可能更想选B。1分钱连续一个月每天翻倍，第30天有5368709.12元！多么伟大的复利！

为这个秘密做好准备

当你把钱存进储蓄账户，就相当于借钱给银行。还记得前面说过的，银行会付一点利息，鼓励你继续把钱放进去吗？

假设一下，你把100元放在储蓄账户里，赚一些单利*。单利是以本金*（账户里的存款）为基础计算，这里本金就是100元。假设100元本金的年利率是5%，而你不再继续向这个账户里存任何钱。那

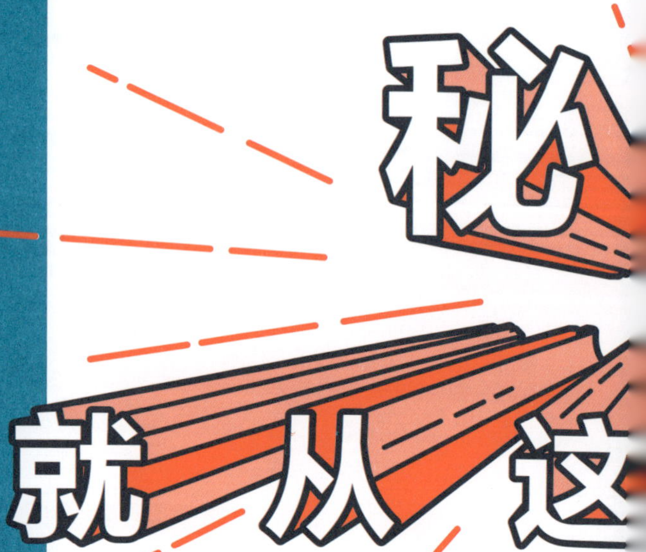

么第一年你可以赚 5 元，第二年也是 5 元，往后也是如此。10 年后，你的账户里就会有 150 元。

见证奇迹的时刻！

复利不同于单利，它可以从利息中获得利息。现在假设你有 100 元本金，年利率同样是 5%。第一年赚 5 元，你账户里的钱就变成了 105 元，到了第二年，事情就开始变得有趣起来：复利是以本金（100 元）和第一年赚到的利息（5 元）

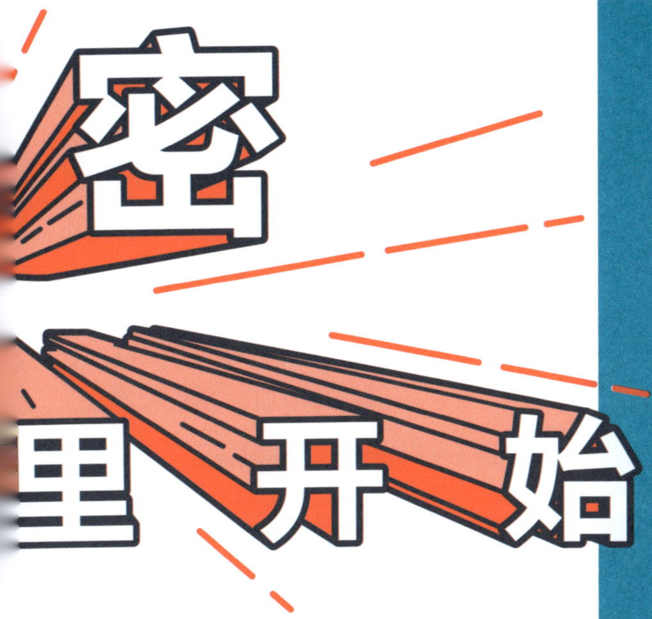

复利公式

下面是计算复利的公式。来吧，小爱因斯坦，把它弄明白：

$$A=P\left(1+\frac{R}{N}\right)^{NT}$$

A = 累计金额

P = 本金金额（初始投资）

R = 年名义利率（不反映复利）

N = 每年复利的次数

T = 存款的年数

72 法则*

想快速确定要花多少年才能使你的钱翻倍？只要用 72 除以固定的年利率百分号前的分子。这种计算方法并非准确无误，但基本适用于利率不超过 20% 的情况。假设你投资 100 元，年利率为 10%，那么 72÷10=7.2 年。

所以，如果年利率平均能达到 10%，大约要用 7.2 年让存款翻倍——有一定挑战性，但并非不能实现。

金钱时刻

复利也可能对你不利。当信用卡和复利结合在一起，时间就对你不利了：信用卡公司使用复利计算欠款，而且年利率很高，通常是 12% ～ 30%（在中国，超过免息期按 0.05% 的日息计算欠款，如果跨月未还，会按复利计算，年利率达 18%）！欠钱的时间越长，利息增加得越多。

之和，即 105 元为基础计算。这样就得到 5.25 元利息。第三年，复利以本金 100 元和前两年赚到的利息之和（一共 110.25 元）为基础计算，最后总额就变成了 115.76 元。这样经过 10 年，你的储蓄成果不再是 150 元，而是 162.89 元。因为你在利息的基础上赚利息，相同时间内你的钱增加了接近 9%。

这有什么意义

这意味着，如果最终想获得 100 万，你不用真的存 100 万。只需要存下一定数额的钱，随着时间的推移，钱就会开始为你工作，赚取复利。

要点是什么？

复利不是魔术，只是数学问题。随着本金和利息的增加，存款总额开始以越来越快的速度增长。

但不要停止向储蓄账户增加存款，更不要把钱取出来，不然你将

（下接第 95 页）

时间就是金钱

越早开始赚取复利，存款增长的速度就越快，利息也越多。我们再来说说存100 元本金的例子，假设把这笔钱存在储蓄账户里，利率是 5%，然后不再管它。按照单利计算，50 年后有 350 元。在无须操心的情况下，这已经很好了。可是，如果按照复利计算，你将拥有 1146.74 元！两者都是从最初的 100 元开始的，结果相差很大！试着算一算，把最初 100 元本金换成 1000 元，利率变成 10%，会得到什么结果。

50 年内以 10% 的年利率计算

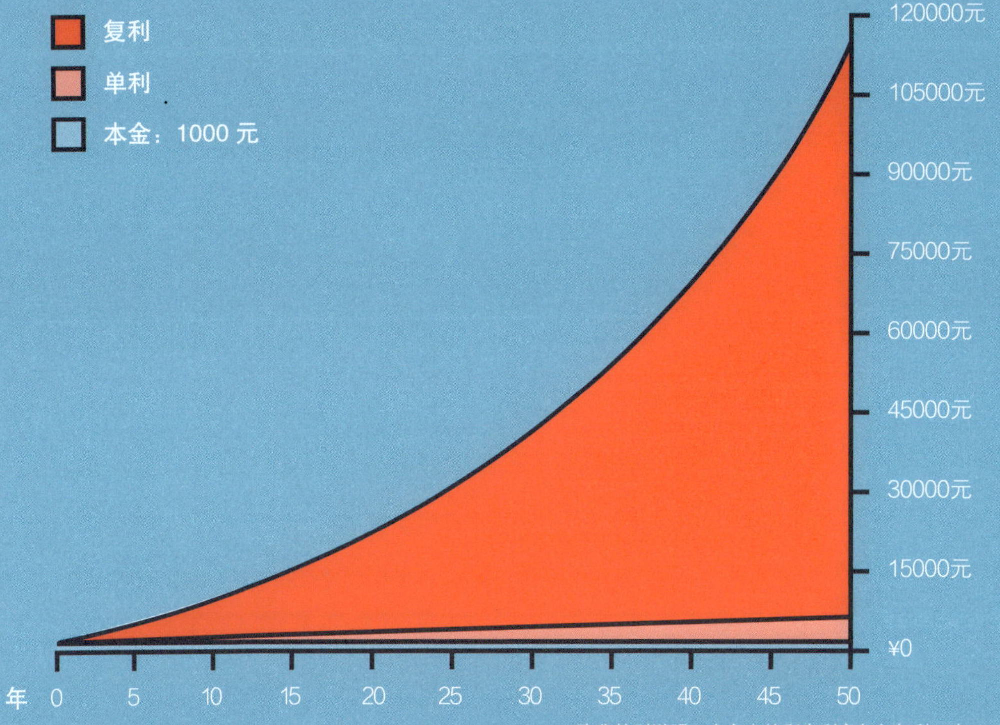

* 除非特别说明，本章中的所有利率每年复利一次。

秘密中的秘密

定期增加本金，结合复利的力量，你的存款将会飞涨！看看下面两个例子。

杰米和埃伦都是 15 岁，两个人分别把兼职收入、零用钱、从亲戚那里得到的生日礼金和为邻居打零工获得的报酬——一共 5000 元存进银行。这两笔钱都存了 50 年，平均年利率为 8%。杰米后来再也没在 5000 元的基础上增加任何投资，埃伦则继续每年定存 1000 元（每个月大约存 83.33 元，大多数人都能做到）。

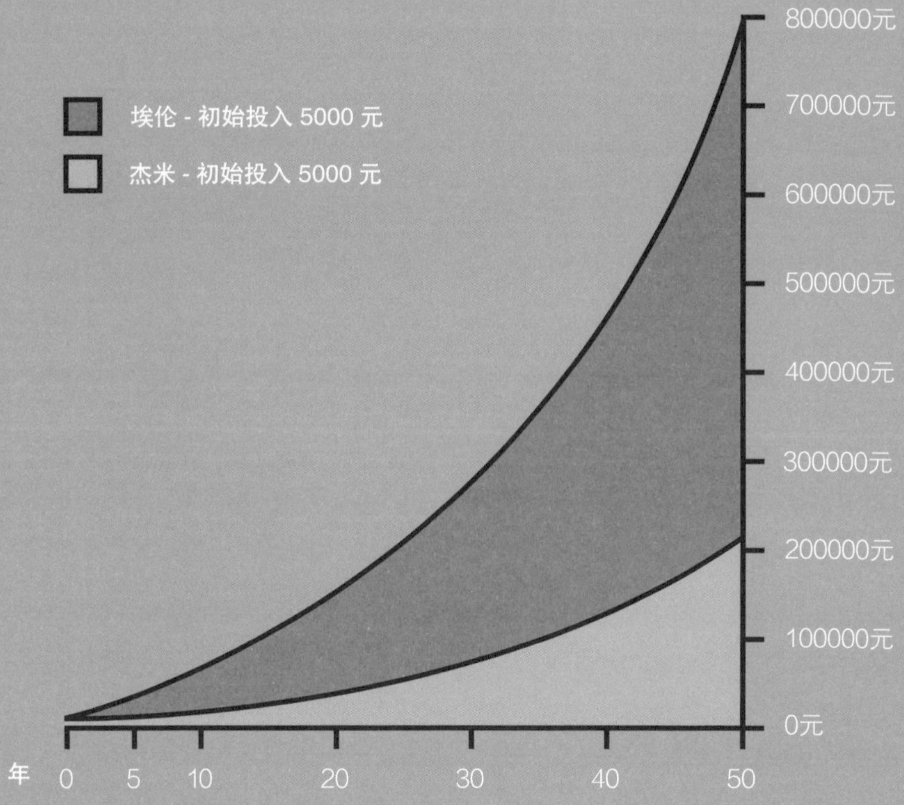

从图表上你可以清晰地看出，长时间内是否在本金基础上追加投资，分别有什么样的结果。50 年的时间里，埃伦只须每月多存 83.33 元，存款额就能迅速增长；再多存几年，就能拥有 100 万。真是令人难以置信。

杰克逊和蕾拉都想成为百万富翁。杰克逊从 15 岁开始每年存 1000 元，投资的平均年利率为 8%。蕾拉直到 30 岁才开始存钱。由于杰克逊在更长一段时间内赚取了复利，他投入更少的钱就能获得 100 万——确切地说，杰克逊只须投入 55000 元，就能在 70 岁时存够 100 万元，而蕾拉因为起步晚了，需要投入 140000 元才能获得相同的结果。所以要尽早开始存钱，充分利用复利的力量。

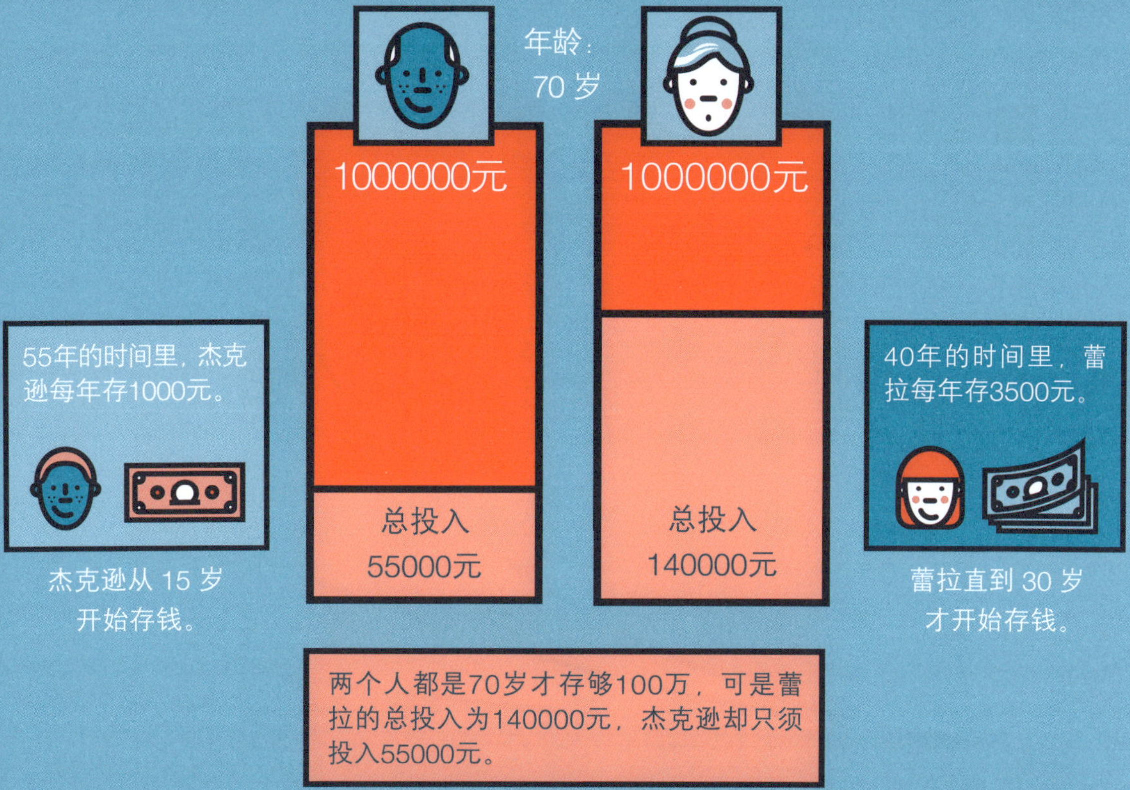

你还可以把钱转入其他账户或用作其他投资，以获取更高的复利。这将成为“组合投资”，也就是同时进行多种投资。下一章会进一步解释这个概念，这里先和大家分享一个通过不同投资组合获得复利的例子。

乔治娅 40 岁的时候存了 55000 元。看看在接下来的 35 年里，不同投资所带来的巨大差异吧。

如果她将 55000 元以大额存款存下来，年利率为 3%，35 年后这笔钱将变为 154762.43 元。如果她将这 55000 元投资于国债，平均利率 6%，那么最后她将拥有 422734.77 元。哇！但是，如果她把钱投资到股市，每年获得 9% 的收益率 *——得到的钱会是投资国债的两倍多，总计 1122768.24 元。但实际上，乔治娅是一个非常聪明的投资者，她挑选的股票平均收益率达到 12%，55000 元变成了 2903979.08 元的巨款，而所有这些都归功于复利的力量。

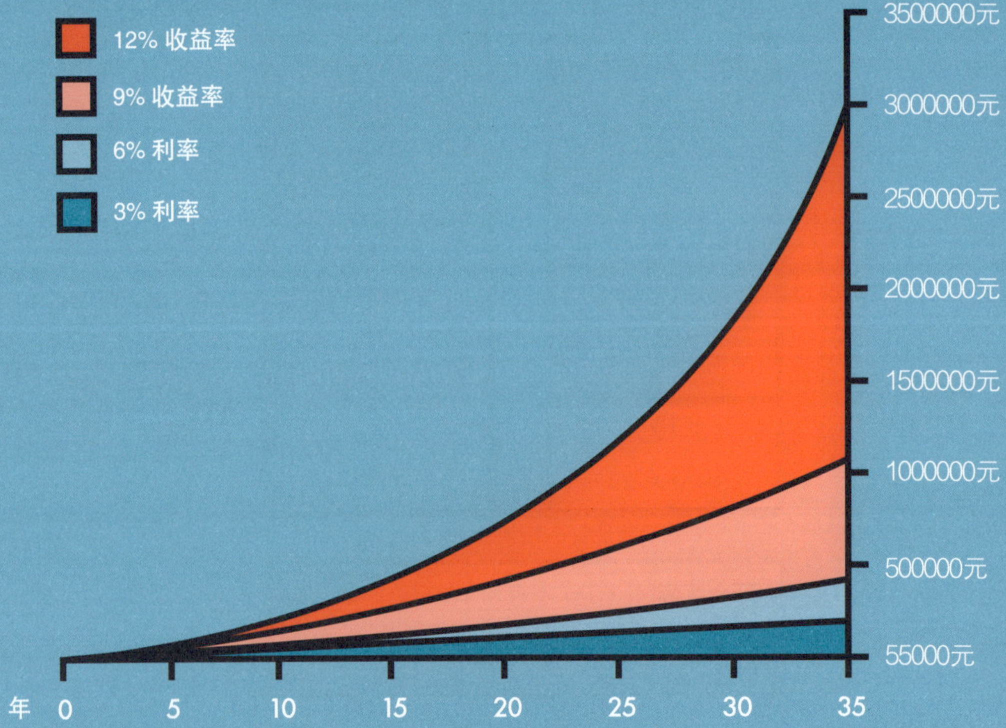

无法充分享受复利的好处。定期向储蓄账户增加存款或投资。久而久之，你的钱将变得更多，增长得更快。原则就是，既然你想要存 100 万，就要全力以赴。根据你想达成目标的时间，算一算每个月要存多少钱，才能如期存够 100 万（假设年利率是 8%，每月复利，不考虑税收和通货膨胀因素）。

30 年存够 100 万 = 每月必须存 706 元

总投资额 = 254160 元

40 年存够 100 万 = 每月必须存 309 元

总投资额 = 148320 元

50 年存够 100 万 = 每月必须存 140 元

总投资额 = 84000 元

现在你知道这个秘密了

复利是快速存够 100 万的秘密所在。存 100 万可能需要一点计算，但并不需要多么出色的计算能力，只需要你善于存钱。

你也不用像爱因斯坦那样聪明，稍加思考，就能理解尽早存钱的重要性。复利即使不是整个宇宙中最强大的力量，至少也是金融宇宙中最强大的。

长话短说

在复利和时间的帮助下，钱会自己赚钱，而赚来的这些钱又会帮你赚更多的钱。

第 9 章

投资

现在你可能已经实现了存 100 元的短期目标。或者，你受到本书启发，已经存了 1 万元！恭喜！

理财初期，储蓄账户是存钱的好地方。它既安全，又能回报你一点利息。但它不能带给你 100 万——几乎一辈子都不可能。

想要存够 100 万，需要将一部分钱用于更高收益率的投资。更高是多高？很多投资顾问建议，个人资产的年均增长率应该在 5% ～ 12% 之间。你永远不可能

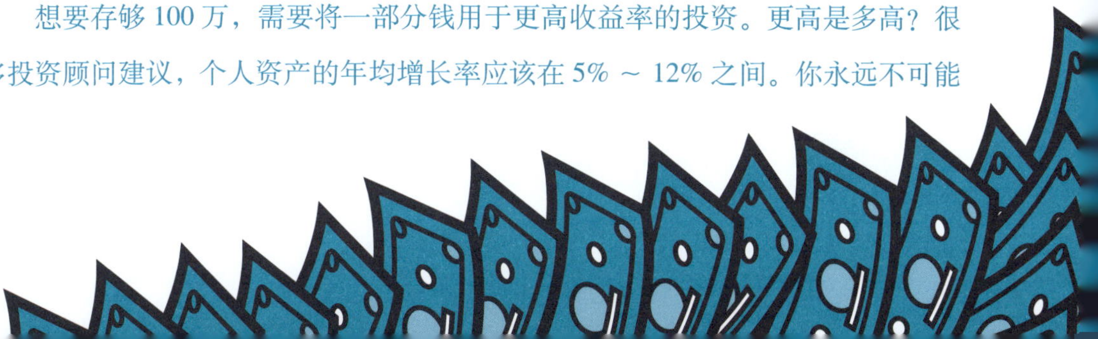

谁是沃伦·巴菲特？

人们普遍认为沃伦·巴菲特是史上最成功的投资人之一，他还是世界上最富有的人之一，净资产超过1000亿美元。巴菲特着眼于长期投资，对象都是被其他人忽视的、具有良好商业基础的公司。他是总部位于内布拉斯加州奥马哈市的伯克希尔·哈撒韦公司的主要股东、董事长和首席执行官，一直住在1958年购买的房子里。他就是百万富翁思维模式的代表人物！投资专家和热衷于投资的普通人都称他为“股神”或“奥马哈的先知”。

从储蓄账户获得这样的收益率，实际上大多数银行存款利率不到2%。

简单作个对比，分别将100元存进年利率为1%的定期储蓄账户，并进行两笔收益率分别为5%和10%的投资。

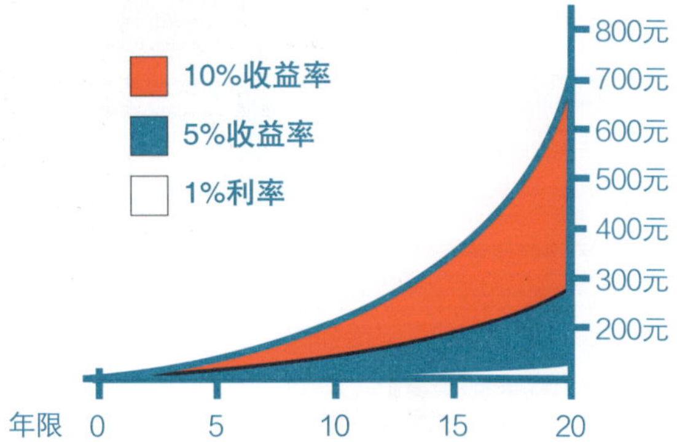

利率为1%的情况下，每年只能赚到1块钱的利息。20年后本息和为120元。收益率为5%的情况下，钱增加了一倍多，变成了265.33元。那收益率为10%呢？你的钱最后是原来的6倍多，变成了一笔672.75元的巨款！

当然，事情并没有这么简单。你需要努力再加一点运气才能获得高投资收益。更需要注意的是，投资并不像储蓄那么保险。如果你的投资贬值了，你可能会面临失去一切的风险。聪明的投资者会把投资控制在自己能承受失去的范围内。

什么是投资？

投资的意思是把钱投入到有增值可能的东西上。

你可以投资任何东西。喜欢滑板运动？可以投资一家生产滑板或滑板鞋的公司，还可以投资混凝土公司——建造可以玩滑板的公园离不开这些建材。你甚至可以投资石油公司，这样万一有玩滑板的朋友空翻受伤，加满汽油的救护车能及时把他送往医院。

无论投资什么，你都会希望它能随着时间的流逝变得更有价值。你会期待滑板运动变得更流行，这样滑板公司可以卖掉更多滑板，你对它的投资也会增值。

风险与回报

玩滑板时，学习一个新技巧的回报是成为更棒的滑板运动员，要承担的风险则是摔跤。和玩滑板一样，投资也意味着为了回报而承担风险。回报是可能获得

（下接第 102 页）

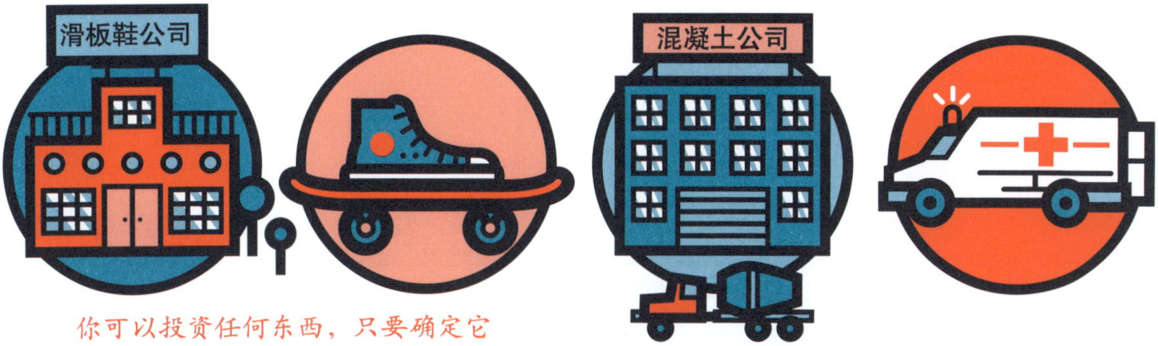

你可以投资任何东西，只要确定它会随着时间的流逝而增值。

常见的投资

下面是一些常见的有一定风险性的投资：

大额存款

这是一个很好的起点，风险比较低，你可以在已经开设储蓄账户的银行申请。大额存款的利率比普通存款高一些，但存款金额要求较高，而且必须存满一个固定的期限，以获得最大回报。通常要存 1 个月、数月或数年。虽然大额存款一般没有足够高的复利率，无法让你的存款数额实现真正的飞跃，但这是一个的好方法，让你在开展其他投资之前，不会先花掉它们。

股票

你可以通过购买股票获得股份*，成为一家提供商品或服务的上市*公司的部分所有者。从低价股*（高风险）到蓝筹股*（低风险），你可以投资各种风险等级的股票。

债券

购买债券相当于把钱借给一家公司或政府、机构，同时得到承诺将因此获得利息。信用评级机构*会根据其风险程度进行评级，从 AAA 级（低风险）到 C 级（不能偿还债务）不等。

房地产

你可以直接投资住宅物业（比如你们家所在的小区物业）或商业物业（比如大型购物中心的物业）。还可以通过买入房地产基金间接投资，在证券交易所*以股票的形式交易，获得收益。

公司

你可以通过借钱给公司所有者，或者注资成为公司所有者之一，来直接投资某家公司。这很冒险，但可能产生高回报。

大宗商品

大宗商品通常批量买卖，包括生产所需的基础原材料、能源商品和农副产品，贵金属（金、银等）、咖啡豆、木材、原油，甚至猪肉都是！投资者不会直接买卖大宗商品本身，而是通过买卖合同来交易。

艺术品和古董

在恰当的时机买对艺术品，其升值速度几乎比任何投资都要快。当然前提是要买到对的，很多艺术品并没有这样的升值潜力。

更高的收益，风险则是损失本金。投资前请三思，你愿意承担这样的风险吗？

从哪儿开始？

首先应该好好存一笔钱，然后只拿出你愿意冒险的那一部分尝试投资。不要拿你准备交大学学费的那部分钱去冒险，谨慎开始。

问问自己："我愿意拿多少钱去冒险？"（全部？当然不行。一部分？可以考虑。）先拿出一小部分存款，投资到你认为可能赚钱的地方。这是尝试投资组合*的开始，投资组合通常由不同类型的投资组成（参见 100 ~ 101 页）。哪些更适合你？做出明智的选择，看看投资是否会增值。如果增值了，那很好！如果没增值，也不要着急。问问自己的投资正确吗，还是需要更多时间？

你可能会犯一些投资错误，尤其是在刚开始的时候。不要灰心丧气，即使是最有经验的投资者，也曾遭受损失。关键在于最终赚的钱要比损失的钱多。只要你有耐心，做好调查工作，赚到钱的机会就更大。

股票——基础 101

你可以尝试各种类型的投资，不过大多数人会从股票开始。股票交易方便，规则也容易理解。长期来看，它们通常优于其他投资选择。

上市公司可以通过发行股票向公众出售部分股权来筹集资金（私人所有的公司不会向普通大众出售股票）。购买股票，你就成了"股东"，也就是那家公司的部分所有者。该公司得到了钱进一步发展，你则拥有了它的一部分。从修铁路到提供太空旅行服务，从生产鞋带到研发软件……上市公司有很多，发行的股票数量非常庞大！

股票可以买卖。有人觉得某只股票的价值会上涨，因此买入；也有人觉得它的价值会下跌，因此卖出，由此产生交易。

股票的价格波动体现了买卖双方观点的较量。每天，无数人交易股票，就形成了股票市场*。

买吧！

买股票可不像去商店买薯片那么简单。买卖股票并不是免费的，证券经纪公司通常会收取手续费。不过，如果能通过股票交易获得不错的收益，这笔佣金就很值。或许你还需要了解一下在线交易平台和应用软件——选择很多，需要先做一些调查，谨防虚假交易软件，挑选最适合你的。

选择证券经纪公司

可以通过开一个证券账户让证券经纪公司为你服务。必须年满 18 岁才能拥有属于自己的证券账户，如果你还不到 18 岁，可以在家长同意的情况下用他们的账户操作。

（下接第 105 页）

牛市 VS. 熊市*

股票市场的长期历史表现如何？纵观股票市场，在最近 25 年左右的时间里，美国股票市场的平均年回报率为 9% ~ 10%。股票价格整体上升时，股票市场被称为“牛市”；整体价格呈下降趋势时，则被称为“熊市”。之所以用熊和牛来形容股市情况，一般认为源于这两种动物攻击对手时的姿势——公牛会将牛角高高举向空中，熊则会向下猛击。

字母汤

如果你关注财经新闻，可能看到过这些字母：NYSE、NASDAQ、DOW。这些都和金融市场有关。股票和许多其他类型的投资都是在交易所买卖。如果一只股票在证券交易所公开挂牌交易，就被称为股票上市。

世界上规模最大的两家交易所是：

- **纽约证券交易所**（通常简写为纽交所 / NYSE）
- **美国全国证券交易商协会自动报价系统**（NASDAQ，在中国叫作纳斯达克）

经常看到的其他字母组合又是什么呢？比如标普 500（S&P 500）和道指（DOW），它们都是指数*。指数就像一组假想的股票，可以很好地反映市场整体是上涨还是下跌。

· **标普 500**：S&P 代表标准普尔，这是一家金融分析机构。它通过维护发布标普 500 指数，向投资者推荐应该买卖哪些股票。顾名思义，该指数以 500 只股票为基础，是衡量股市健康状况最常用的基准。

· **道指**：DOW 指的是道琼斯工业平均指数。它与标准普尔指数相似，不过只追踪 30 家真正的大公司。一只股票想要被纳入该指数，必须在行业中处于领先地位，被投资者广泛持有。

关注这些指数，有助于了解股市整体走势，市场总体状况值得我们密切关注。

证券经纪公司很多，找到适合你的那一家。你要记住下面这2件重要的事情：

1. 你的钱不像放在储蓄账户那么安全。挑选一家信誉好、你信任的公司。

2. 交易股票要支付手续费，所以尽可能选一家收费低的公司。

选择第一只股票

可供选择的股票数以千计。该怎么选择你的第一只股票呢？想投资个人股*，最好从你知道的公司开始选择。你穿什么鞋？吃什么零食？这些公司中就很可能有在证券交易所上市的。你要做的就是找到这家公司的证券交易代码，做一些调查研究（绝对不要在没有调研的情况下买股票）。你还可以关注过去几个月或几年里市场表现排名前十的公司，尤其注意那些经受住市场变化和经济波动考验的公司。

你的目标是找到有升值潜力的好公司，而不是生产最酷产品的公

调研

每只股票都有很多可以调查研究的地方。经验丰富的投资者会尽可能了解更详细的信息，包括市盈率*、一年内的最高价和最低价、市值*等。下面是一些需要重点考虑的基础信息。

盈利能力：这家公司盈利吗？如果还没有，预计多久能实现盈利？

增长前景：这家公司是否正在开拓新市场或雇用更多员工？

管理：这家公司的核心领导层是否有能力实现公司目标？

竞争优势：与竞争对手相比，这家公司是否有独一无二的优势？

最后，永远记住，过去的表现不能保证未来的结果。

专业建议：现在有很多模拟股票投资的游戏。你可试着玩一玩，在把真正的钱投入股市前多加练习，避免犯一些新手常犯的错误。

司。优秀的公司不一定是明智的投资。哪些公司可能会升值，是年轻投资者需要调研的。

钱究竟是怎么增长的？

终于买了第一只股票？恭喜你！不过不要操之过急，持有一段时间，等待它升值的良机。通过个人股赚钱的关键，在于低买高卖*。如果股票入手时价格是10元，在一年的时间里它上涨了2元，你的投资价值就增加了20%——这是在你要卖出的情况下。如果继续持有，它可能继续上涨，第二年又升值2元。当你决定卖出股票时，股票数量乘以卖出时的价格（扣除经纪佣金），即为所得，会存入你的账户。找到估值偏低的股票，然后等待它的价格上涨，其他人跟风买入，这就是价值投资*，一种非常流行的投资方式。通过调研公司了解其优势和风险，然后判断股票价格是否合适。经常会有这样的情况，实力强大但低调的公司得不到投资者的太多关注。但价值投资者会看到这一点，以较低的价格买入股票，然后静待升值。

股票分割

有时候，公司会授权分割股票，使每股的市价降低，吸引新投资者，同时也奖励现有投资者。分割方式有很多种，不过大多数股票会选择将一股分割成两股。这就意味着你所持有的每一股，分割后都变成股份为原来一半的两股。如果股价能升到原来的水平，你的钱就会翻倍。

令人愉快的股息

一些公司会为股东派发股息*。股息是公司派发给投资者的一部分收益。

通常每家公司派发股息的时间各不相同，有些公司每年派发一次，有些每3个月派发一次。数额往往相当可观，是股价的几个百分点（远超过你通过储蓄账户赚的利息）。

有趣的代号

在美国证券交易所，挂牌的公司都会用几个字母代表公司的全称，其中有些公司选用的字母非常有趣。

施坦威乐器（LVB）：钢琴制造商，以股票代码纪念著名钢琴家路德维希·凡·贝多芬。

奥林匹克钢铁（ZEUS）：钢铁制造商，以股票代码向希腊神明致敬。

农业综合企业股票交易所交易基金（MOO）：一听就是奶牛生意。

哈雷戴维森（HOG）：摩托车公司，亮出了它的著名绰号“猪仔”。

亚洲老虎基金（GRR）：听起来像一头愤怒的老虎。

动态材料（BOOM）：嗯……想知道产品是否包括炸药？

全国饮料（FIZZ）：饮料公司，有趣且朗朗上口的代码。

年纪小的时候，你有时间等待投资增值，而且能承担风险，有犯错的资本。可是，当你长大了，就要学会保护自己。

股息按股计算，持有的股份越多，获得的股息也越多。还要提醒一下：一些金融分析师认为，长期来看，派发股息的股票表现通常会更好。所以，如果某家公司的股票派发股息，它就值得你多多关注。

多样化投资

听说过“别把所有鸡蛋放进一个篮子”吗？不要只进行一项投资，最好多样化投资*。多样化投资是指持有不同行业的不同股票，并且与其他类型的投资组合在一起。多样化投资很重要，这样能分散风险。单只股票的价格可能每天都有较大波动。可是，把一系列股票叠加在一起，波动通常就没那么剧烈了。如果波动仍然很明显，那说明整个市场的情况就是这样。

年纪小的时候，你有时间等待投资增值，而且能承担风险，有犯错的资本。可是，当你长大了，就要学会保护自己。

玩转基金

实现投资多样化的一个妙招就是购买互惠基金*和指数基金，一次性投资多只股票。

- 互惠基金可以将多种投资组合在一起。一些互惠基金只持有股票，另一些可能同时还持有债券、房地产，以及贵金属等大宗商品。
- 指数基金以特定指数为参考，跟踪一组股票的整体表现。比如代码为 SPY 的指数基金，就会跟踪标普 500 指数的股票。

这两类基金持有的股票范围可以很广，也可以很窄。有的基金专注于科技股，有的关注社会责任投资，也有的只关注派发股息的股票。

有些基金管理人会为客户做大量调研。客户通常要为他们的专业知识支付高额的基金管理费。不过，一只基金可能在过去 5 年里表现很好，但在下一个 5 年里就走势不佳。因为一些看似聪明的基金经理只是一时走运而已，而运气是会变的。

而另外一些基金（尤其是指数基金）则由算法控制，这些算法会自动决定将哪些股票或债券纳入该基金。因为不需要专人负责管理，所以指数基金的管理费通常较低。

投资基金之前，先仔细阅读由基金发起人向投资者提供的投资说明书(称为基金招募说明书*)。注意，

（下接第 112 页）

去哪里做调研

- **股票网站**：大型股票市场网站会及时发布几乎所有大型交易所的最新消息、分析报告和历史图表。
- **财经类报纸、杂志、图书**：即使你不能完全读懂上面的内容，财经类报刊书籍仍然是学习投资的绝佳途径。
- **公司季度业绩报告**：所有上市公司都会在每个季度末提交损益报告，投资前值得一读。
- **亲朋好友**：问问你认识的人是否投资、投资什么，以及为什么投资它。

投资风险

假设你的储蓄账户里有 300 元，你愿意拿出 100 元投资。

然后你选择了一只感兴趣的股票。

汪汪和骨头

算了吧。

像素科技

不要。

冒险 BOB 体育用品

就是它了！

每股价格为 10 元，手续费是 10 元，100 元可以买入 9 股，股票总价值 90 元。

1 2 3 4 5 6 7 8 9

等待。

观察。

如果股票价格上涨，你要决定是否继续持有，是等它涨得更高，还是及时卖掉获利。

如果股票价格下跌，你要决定是否继续持有，是等它改变走势，还是及时卖掉并承担损失。

假设选对了股票——股价一年后上涨了 10%，90 元的 10% 是 9 元，这样你有价值 99 元的股票了。

你会作出什么选择？

卖出

你决定卖出股票，可是你忘了还要支付讨厌的手续费！99 元扣除 10 元还剩 89 元。你投资了 100 元，股票上涨，可最终还是损失了 11 元。

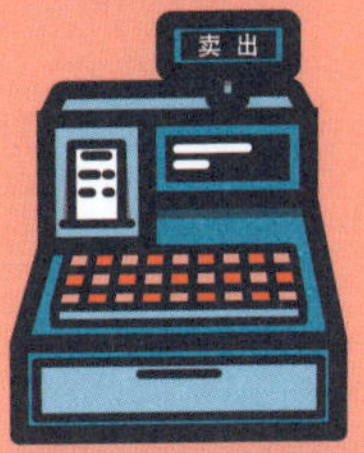

持有

你继续持有该股票一年。公司表现良好，你的股票又涨了 10%。现在你拥有价值 108.9 元的股票了。问题是，因为要支付 10 元手续费，你仍然无法获利。你可以继续持有该股票几年，或者卖掉它去买更有升值潜力的东西。（不过，任何投资每年能赚 10% 的利润，就已经做得很好了！）

假设公司这一年的表现很糟糕，股票价值下跌了 20%，你手里的股票只值 72 元了，怎么办？

你的股票

卖出

卖出

你决定卖出股票。扣除手续费，最后只剩下 62 元。尽管损失了超过 30% 的钱，但现在你可以尝试投资其他更赚钱的东西。祝你好运！

持有

你牢牢握住股票，希望它能涨到之前的价格。你可能会一直持有 20 年。这期间它有涨有跌，但随着时间的推移，它可能恢复价值，甚至让你赚一些钱。

喜欢，不喜欢？

2012年5月18日，脸书(Facebook)进行了首次公开募股（也称为IPO，指一家私人公司上市并开始在股票市场出售股票）。这次IPO是科技界规模最大的IPO之一，也是互联网历史上规模最大的一次。脸书在第一个交易日的发行价为每股38美元，但在接下来的几个月，其股价跌到每股17.55美元。2015年底，脸书股价迅速回升，每股价格在100美元上下波动。如果有人在恰当的时间"喜欢"脸书、在所有人都"不喜欢"这只股票的时候买入，就能在赚100万美元的道路上稳步向前！

有些基金收费很低，甚至不收费，这对新手投资者来说很划算（前提是它们今后会涨）。还有些基金可能会收取高额费用，让你损失部分收益，但或许它们能给你带来较好的回报。

互惠基金和指数基金的好处在于，每次买入都相当于选择多只不同股票，直接实现多样化投资。

知道何时持有，以及何时抛出

不要操之过急。如果你购买的股票价格下跌，不用急着抛出，价格上涨也不必立即卖掉。如果你做了调研，发现它是一家可靠的公司，可以试着长期持有这只股票，看看走势如何。

股票价格会上下波动，当你卖出股票或遭遇公司倒闭（有时难免会发生这种事），就有可能赚钱或赔钱。如果持有的是一只绩优股，更有可能获得长期收益。

放轻松

密切关注你的投资很重要，但是也不要太密切。很多人喜欢每天追踪投资动向，其中有些人稍有下跌就吓坏了，进而作出愚蠢的决定。根据你计划的投资时长，可以每天、每周，甚至每 3 个月查看一次。经常关注相关新闻和市场动态，辨别风险和机会，享受做正确的事和投资未来的美好感觉。

收市时间

实际生活中的投资途径远比本章介绍的多。希望这本书已经鼓励你迈出第一步，因为投资是实现 100 万目标的主要方法之一。

最重要的一点是什么？这是你的钱、你的投资，你有责任花时间做调研；量力而为，理性决策方能成功。重要的是趁着你年纪还小，即使犯错也有时间弥补，所以现在就开始投资吧！

长话短说

1. 所有投资都有风险。
2. 提前调研。
3. 只用你能承受损失的钱投资。
4. 多样化投资，分散风险。

第 10 章

无法成为百万富翁的原因

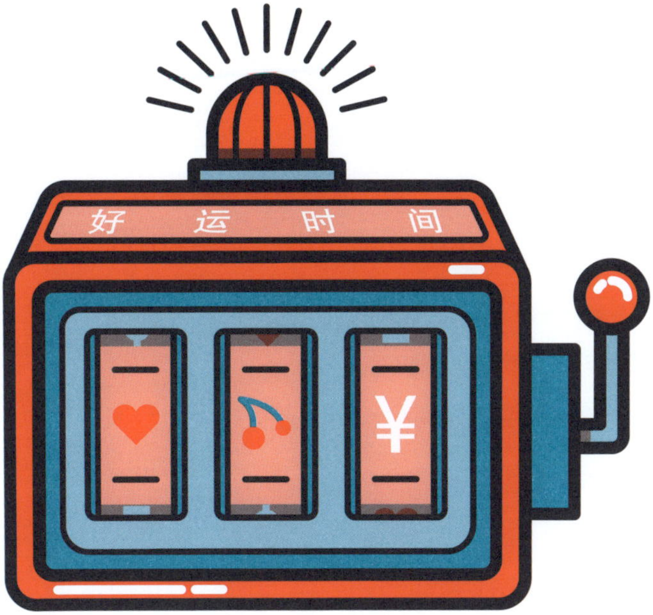

现在你可能会想：这本书真棒！里面都是教人赚钱的方法！我只需要照着做，就能赚到很多钱，我可以用它来打造一个纯金的鸟笼。不过，这过程中会不会有什么问题呢？

的确有很多问题。虽然有很多方法可以帮你实现财务目标，但是，还有更多陷阱能让你一无所有。

下面是一些常见的陷阱，能让你一无所有、无法成为百万富翁。

1. 入不敷出。毫无疑问，这是人们无法累积大量财富的主要原因，即便收入很高的人也不例外。如果一名外科医生一个月赚 5 万元，花掉 6 万元；一名技工一个月赚 5000 元，把其中的 1/3 存进银行——最后，前者的情况还不如后者。

解决方法：制定预算（需要复习的话，你可以回顾第 3 章）。无论赚多少钱，如果不记录花钱买了什么，终将会搞砸一切。

2. 负债累累。虽然信用卡有助于应对紧急情况或偶尔的大笔开支，但也能吞掉你的钱。如果你过度依赖信用卡、不能按时还款，最后可能每个月都要支付高额利息，这笔钱会直接进入银行的口袋，而不是你的。

解决方法：只要条件允许，购物时尽可能使用现金、借记卡或电子支付，不要轻易使用网上借贷。如果没有足够的现金，就等到存够钱再买。

3. 没有计划。没有财务计划的人，很难搞清楚自己的财务状况。如果没有阶段性目标，就很容易忽略长期目标，把辛苦赚来的钱花在一些不必要的东西上。

解决方法：制定短期、中期和长期财务目标。时常回顾计划，确保它与你当前的目标一致。

4. 赌博。对绝大多数人而言，赌博等于输钱。不然，赌场都得关门大吉。记住这句话："最后的赢家总是赌场。"

解决方法：千万不要赌。几乎没有哪个百万富翁是靠赌博成功的。而且，大多数中彩票或赌赢了的人最后都会变得一无所有。要想成为百万富翁，没有捷径可走。

5. 被人设计、陷入骗局、被诈骗*或上当。令人悲哀的事实是，的确总有人想方设法来骗你。

解决方法：识破骗术，避免被骗。下面提醒你一些常见的诈骗手段。

- 金字塔骗局：这种“商业”模式就是个人通过发展会员赚钱。早加入的人能赚钱，其他晚加入的人则赚得很少或完全赚不到钱甚至赔钱。（在中国也叫传销。）
- 庞氏骗局*：与金字塔骗局类似，庞氏骗局也是让你“投资”，但你“赚”的钱其实是来自其他人“投资”的钱，而不是因为投资真正赚到了钱。只有骗子才能真正赚到钱。
- 网络钓鱼：你可能会收到电子邮件、短信或电话，让你确认账户信息、信用卡卡号或借记卡密码，或者要求你支付某笔费用。这很可能就是骗子。现实中没有公司或银行会通过电子邮件、短信或电话询问这类信息。
- 身份盗用：当你的个人信息被盗用时，骗子可以假装成你，花你的钱。他

过度依赖信用卡只会让你的百万富翁计划泡汤。

们只需要得到你的一些关键信息，比如生日、密码或身份证号，就足以盗用你的账户。保护好你的借记卡密码，撕掉快递上带有个人信息的单子，不要把包裹长时间搁在快递柜里，保护好个人信息。

- 奖学金诈骗：这类骗子都会要求预先付款以申请奖学金，或者告诉你他们知道一些“非公开”奖学金，以此套出你的银行卡号。奖学金信息通常都是公开对外发布的，而且真正的奖学金无须预先付款。类似的还有助学金和学校缴费诈骗。

聪明人遇上坏事情

遇到无法控制的事情怎么办？即便是准备最充分的人也可能遭遇财务危机。假设你生病了，相关的费用却没有纳入医疗保险、无法报销，生活可能会变得十分艰难。

这时候该怎么办？你需要提前设想这样的坏事情，并为此做好准备。这也是专家建议单独存一笔应急资金*的原因所在（至少是 3 ~ 6 个月的收入）。

从经济上保护自己的另一种方法就是保险，尤其是汽车、医疗和人寿保险。

生活有时会反咬你一口。

暂时跌倒但没有出局

在赚取 100 万的路上，能一帆风顺、不损失本金当然最好。不过，即使进展不顺利，甚至你发现自己几乎快要一无所有，也不要草率地认为一切都完了。

下面这些知名人士都曾遭遇财务危机，又再次恢复元气：

华特·迪士尼曾经遇到一个狡诈的发行商，因此变得身无分文，还失去了他的第一家电影制作公司。在之后长达 5 年的时间里，他都只能吃豆子罐头，直到用仅剩的钱买了一张去加利福尼亚州的单程汽车票。在那里，他创造了一个家喻户晓的卡通形象——米老鼠。从那以后，情况得到了改善。

《哈利·波特》的作者 J.K. 罗琳在创作出这一系列畅销书之前，一直过着相对贫穷的生活。后来，《哈利·波特》成为有史以来最赚钱的系列图书，让她成了亿万富翁。今天，她是英国最富有的女性之一。

他们两位的人生中都有比较落魄的时期。可他们坚持了下来，扭转了命运。万一你今后遭遇了财务危机，一定要振作精神，重新开始，因为 100 万不会主动走进你的口袋，你必须自己去追寻。

长话短说

1. 不要花的比赚的多。
2. 尽量不要借贷。
3. 不要忘记制定一个目标明确的计划。
4. 不要赌博。
5. 谨防上当受骗。

结语

开始！

希望你能从本书获得灵感，思考如何存够 100 万。早点开始行动，你会拥有很大的优势。

一定要记得运用新学到的百万富翁思维模式，只要存够一定数额，就能依靠复利增加到 100 万。存多少才够，要看你从什么时候开始存钱，投资能赚取多高的复利，以及有多自律。有人在 10 年内就实现了这一目标，而其他人还在继续努力。无论哪种情况，时间就是金钱。通常情况下，存款和投资的时间越长，增

百万富翁的钱从哪里来？

根据企业家、作家、职业发展培训师布莱恩·特雷西的统计，在美国，99% 白手起家的百万富翁出自这 4 类人：

• 74% 的人拥有自己的公司。

• 10% 的人是公司的高级管理人员。

• 10% 的人是收入丰厚的专业人士，比如医生、律师、会计师等。

• 5% 的人是十分优秀的销售员和销售顾问。

值也越多。持续追踪你的投资，但也不要过度关注，不时调整计划、目标、预算和投资项目，以获得更好的回报率。如果你能持续稳定地增加投资，很快就会看到存款突破 10 万，然后是 25 万、50 万、80 万、99.99 万。当你存到 100 万时，不要忘记庆祝，这是你应得的！

永远不会太迟

就算没能早早开始存钱，一样可以存到 100 万。

如果你在 30 岁之前都没有存钱，可以在接下来的 15 年里每个月存 1500 块。按照 7% 的利率计算，45 岁时，你就有了 478216.87 块。之后，如果每个月的存款额能提高到 3000 块，那么到了 52 岁的时候，你就有 100 万了。考虑到其他因素，投资回报率需要比 7% 略高一点才能实现这一目标。因此，你的投资需要再大胆一点。什么时候开始都不晚，现在就开始存钱吧！

与专业人士交流

明智投资的要诀是在恰当的时机与专家交流。

帮助你实现财务目标的方法有很多，不过如何平衡赚钱、存钱和投资之间的关系，需要你自己弄清楚。但这并不代表你要独自应对这个问题。很多人会向财务顾问或会计师寻求帮助，请他们帮忙管理资产。此外，很多学校都开设了金融课程，你可以加入某个投资社团，和大家互相交流学习。还有很多团体和公司提供这方面的免费服务。上网搜一下，你会发现相关信息的数量非常多。

还有一些绝佳的建议来自于家庭（小心！也可能是最糟的）。尽管一些家长不愿意跟孩子谈论有关钱和财务的问题，或者不重视这个问题，但实际上，在家庭内部谈论理财是件好事，因为这有助于让所有人了解家庭财务问题。你可以提出一两个有关赚取复利的建议，或者劝说他们投资一只每两年分红 4 次的股票。

坚持学习

在财务的世界里，还有很多更酷的东西等着我们去发现。学得越多，就越有机会获得成功。如果你有计划、有目标，又很专心，还有耐心、时间、抗挫力、毅力，思维敏捷，那么再加上一点点运气，你就能实现至少存 100 万的目标。不要低估自己。

无关贪婪

不要像小孩子一样，只考虑眼前的事，想象一下当你满脸皱纹时，生活会是什么样子。

你想象的退休后美好生活可能是这样的：每天睡到自然醒，笑时露出一口精心养护的牙齿，想打高尔夫就打高尔夫。不幸的是，很多人到了退休的年纪仍要工作，因为他们没有准备任何退休金。还有一些人完全依赖为数不多的养老保险（有工作的人必须缴纳，达到退休年龄后可领取相应养老金）。不论是否依靠养老保险生活，这都不是度过幸福晚年的最好方法！事实上，美国 50 岁群体的平均存款只有 203600 美元，这笔钱撑不了太长时间。而且，随着人们寿命的延长（从退休到生命终结，大约还有 30 年的时间），需要更多钱养老。所以，你需要早点建立百万富翁思维模式，现在就开始存钱。

赚到了 100 万？低调

穿奢侈品牌鞋、开豪车、豪赌，通过各种炫富让人“刮目相看”……这些都会让你看起来像个傻瓜，还有可能招来不轨之徒。很多百万富翁的钱财都失窃过。为什么要冒这种风险？如果你懂得像百万富翁一样思考，就知道要保持低调。

（下接第 126 页）

越早开始赚钱，就越早享受回报。

存钱、花钱，以及分享：热心慈善的百万富翁们

很多百万富翁都向慈善机构和他们关心的事业捐款。帮助他人是世界上最美好的事情之一。不信的话，你可以问问任何一个百万富翁慈善家。

比尔·盖茨

当我们说到致力于慈善事业的千万富翁（好吧，其实是亿万富翁）时，脑海中就会出现这个名字。作为微软公司创始人，比尔·盖茨是世界上最富有的人之一。比尔和他的前妻梅琳达创办了比尔及梅琳达·盖茨基金会，截至2019年捐赠额已超过510亿美元，重点关注世界公共卫生问题。比尔·盖茨还发表了“捐赠誓言”，号召富人为了人类的美好事业捐出大部分财富。

马克·扎克伯格

23岁的时候，这位脸书首席执行官成了世界上最年轻的亿万富翁之一，并且开始向慈善机构大量捐款。其中包括捐赠1亿美元帮助改善新泽西的公立学校体系，以及向旧金山湾区的学校捐赠的1.2亿美元，而这1.2亿也是脸书向硅谷社区基金会捐赠的价值超过10亿美元股份的一部分。

奥普拉·温弗瑞

奥普拉向各类慈善机构和组织捐赠了数百万美元，其中大部分钱都通过她名下的3个基金会提供帮扶和救助。她还资助了南非的一家女性领导力学院，支持重建墨西哥湾地区，并捐助了一家拯救弃婴的慈善机构和一个为第三世界国家兴建学校的慈善组织。她曾经在脱口秀节目中向每位现场观众推荐的慈善机构或组织捐赠1000美元。

100 万！

有的人可能生活清贫却很开心，有的人可能很富有却不怎么开心，但相比那些被债务压得喘不过气，或者每个月勉强支付账单的人，经济独立的人显然担忧更少。

我们希望通过这本书教你如何赚到足够的钱、日后过上舒适的生活，更希望你在赚取 100 万的过程中，可以享受过程、玩得开心，并分享学到的东西。也许实现经济独立后，你能更好地帮助其他人摆脱贫困，让更多孩子走上财务安全之路。也许你会非常成功，有能力独立创作、传授经验，教更多人如何赚钱、存钱和投资！而这些光明的前景，都是从“存够 100 块”这个目标开始的。

无论未来你想过怎样的生活，我们都希望你能获得财务成功，找到幸福。所以，现在就开始吧，全力以赴。祝你好运！

长话短说

本书已经尽量精简了各种信息，如果你没认真看书，我们现在也帮不了你什么。

你的 100 万之旅
清单

开始吧！要想实现赚 100 万的目标，必须先迈出第一步，无论这一步有多小。那么，就请你逐一核对下面这些条目，然后在下一页开启你的 100 万之旅。

- □ 建立百万富翁思维模式。
- □ 在银行开一个储蓄账户。
- □ 制定财务目标和预算，坚持下去。
- □ 通过工作或创业，不断增强自己的赚钱能力。
- □ 先存 100 块，然后养成定期存钱的习惯。
- □ 存了几百块？把你储蓄账户中的钱拿出一部分用于投资，以此实现利益最大化。
- □ 拿出一部分钱作为应急资金。这笔钱的数额至少是你 3 ~ 6 个月的收入。
- □ 利用时间和复利实现真正的财富增长。
- □ 避免做一些人们有钱后常会做的赔钱的傻事。

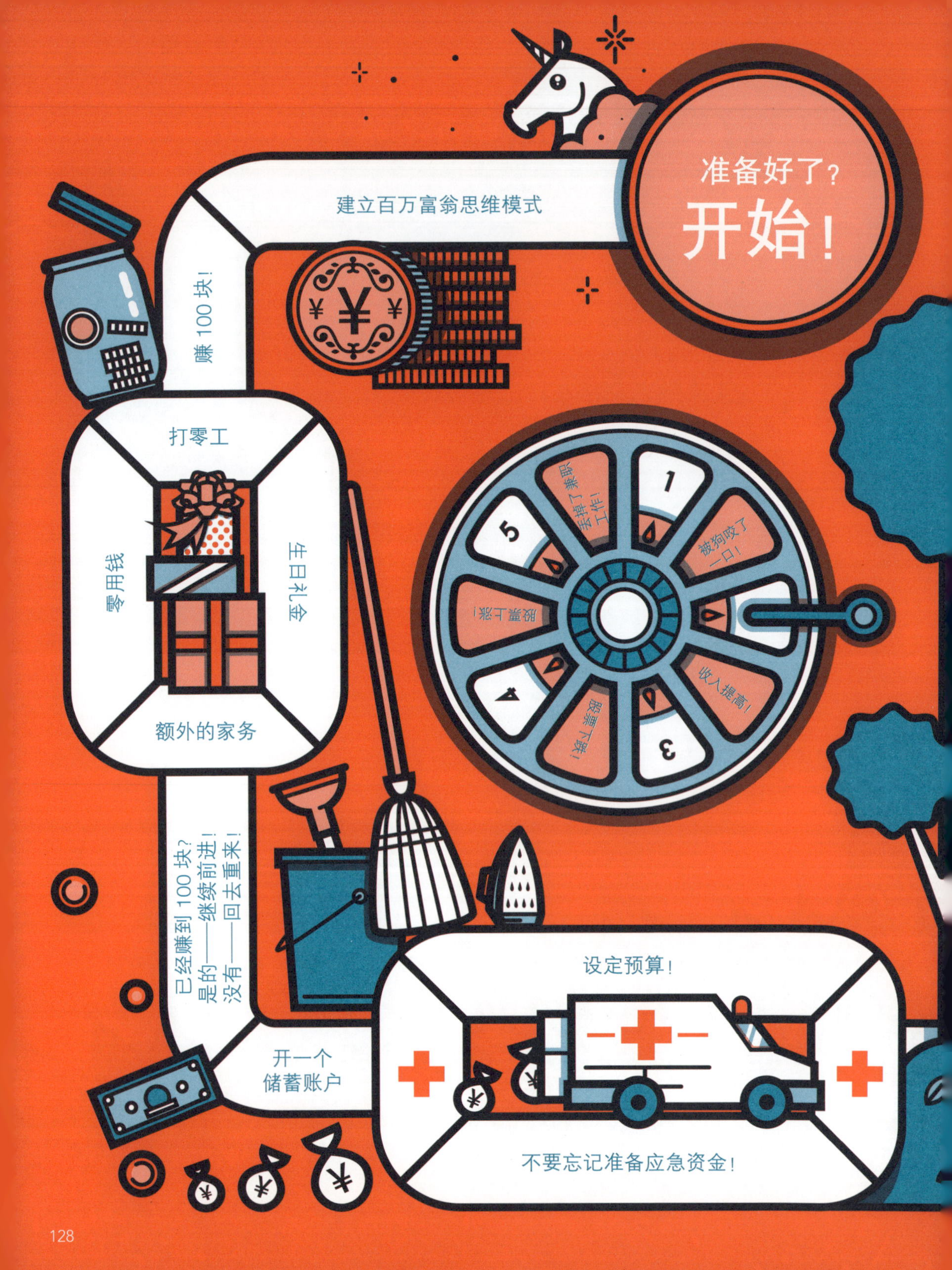
准备好了？
开始！
建立百万富翁思维模式
赚 100 块！
打零工
零用钱
生日礼金
额外的家务
1
被狗咬了一口！
收入提高！
3
股票下跌！
4
彩票中奖！
5
丢掉了兼职工作！
已经赚到 100 块？
是的——继续前进！
没有——回去重来！
开一个
储蓄账户
设定预算！
不要忘记准备应急资金！

先给自己付钱
不！
存了 1000 块？
是的——继续前进
没有——回去重来
耶！
你的
100万
之旅
增加储蓄
投资时间
提高赚钱能力！
债券
股票
房地产
大额存款
找一份兼职工作
营业中
创业
¥1000000
设定目标！
充分利用时间和复利
几年后

百万富翁计划

姓名：____________________

年龄：____________________

目标：¥1000000!

____

承诺声明

计划的期限是用你现在的年龄加上成为百万富翁需要的时间。对着镜子反复朗读这份声明：

“我，____________________，将在____________________岁的时候成为百万富翁。”

（现实一点，给自己足够的时间，并灵活调整时限。）

设定财务目标

列出你的短期、中期和长期目标。（长期目标应为赚到 100 万或更多。）

短期目标（1 年以内）

____

中期目标（1 ~ 10 年）

____

长期目标（10 年以上）

____

所得收入

列出能让你实现目标的所有赚钱方法：

零用钱：______

零工 / 工作：______

副业：______

创业：______

投资收益：______

礼金 / 继承：______

保持预算

制定预算能帮你实现财务目标（不要忘了开一个储蓄账户）：

月收入：______

月支出：______

存款（先给自己付钱）：______

交通费：______

话费：______

软件会员：______

学习用品：______

食物：______

衣服：______

娱乐：______

其他：______

总计：______

如果你的总支出超过总收入，预算就会超支。重新调整预算！

检查和调整

按时检查你的目标进度，每周、每月或每年检查一次。进展顺利吗？是否需要做一些调整？

______

谁能帮你？谁能当你的导师？谁能督促你为自己负责？

______

你多久和他们联系一次？

______

商业计划

商业项目名称

“好点子”

疯狂营销

产品：卖什么？目标客户是谁？

价格：你的产品或服务的售价是多少？

地点：人们在哪里可以买到你的产品或服务？

营销：怎么让人们知道你的产品或服务？

盈利

计算一个月内可能的盈利。

总收入：

总支出：

盈利 =（收入 − 支出）：

盈利了？太棒了！恭喜你有了一个好的开始。如果没有盈利，那就重新评估一下，看能否增加收入或减少支出。下一步怎么办？一定要把你的计划告诉家人、朋友和潜在的投资者！

画出你的品牌 logo

个人预算追踪表

下面是一个简单的预算追踪表，有助于你开始行动。把它复印 4—5 份，就能跟踪一个月的预算。每天都要记录每一笔收入和支出。

--- 星期一 ---

收入

项目	金额

总计：________

支出

项目	金额

总计：________

--- 星期二 ---

收入

项目	金额

总计：________

支出

项目	金额

总计：________

--- 星期三 ---

收入

项目	金额

总计：________

支出

项目	金额

总计：________

--- 星期四 ---

收入

项目	金额

总计：________

支出

项目	金额

总计：________

--- 星期五 ---

收入

项目	金额

总计：________

支出

项目	金额

总计：________

--- 星期六 ---

收入

项目	金额

总计：________

支出

项目	金额

总计：________

--- 星期日 ---

收入

项目	金额

总计：________

支出

项目	金额

总计：________

术语表

72 法则 一种可以大致确定投资本金翻倍所需时间的方法。

本金 开始投资时投入的钱。

财务自由 拥有足够的钱，即便你不愿意上班、不工作，也能过上舒适的生活。多少钱才算“足够”，由你决定。对一些人而言，100 多万差不多够了。对有些人而言，不到 100 万就够了。对另一些人而言，100 万还不够。

产品 用来出售的东西，也被称为商品。

出借人 在确保钱将会被返还的前提下，借出钱的个人或机构。

储蓄账户 可以让你的存款获得利息的银行账户。

大额存款 与储蓄账户相比，利率更高，且一样有保障，因此几乎没有风险，只是在一段固定时间内不能随意支取。

大衰退 始于 2007 年 12 月的一场次贷危机，当时美国有 840 万人失业。

大萧条 美国历史上最严重、持续时间最长的经济衰退，始于 1929 年 10 月的股市崩盘。

单利 一种计息方法，只计算本金的利息。

低价股 价格很低的股票，但风险较高。

低买高卖 买卖股票的时候，最好在价格低的时候买入，在价格高的时候卖出，这样才能赚取差价，从中盈利（说起来容易，做起来难）。

多样化投资 通过多种投资降低风险。“别把所有鸡蛋放进一个篮子里”这句话是最形象的解释。

服务 为客户做事，并使客户从中受益。

复利 在计算利息时，某一周期内的利息是由初始本金和之前存、贷款期间所积累的利息总额来计算的利息。

个人股 以个人合法财产向公司投资形成的股份。

股份 一种分配某物所有权的方法。例如，你可以在股票市场购买一家公司的股份，可以通过一次或多次投资，拥有 100 股或数百万股。

股票 股份公司或所有权单位的资本份额。

股票市场 买卖股票的地方。

股息 股东在公司利润中的份额，通常以现金或股票形式支付。

互惠基金 一种从多位投资者那里募集资金进行投资的投资组合。互惠基金一般不像储蓄账户那样保险。它是一种投资工具，通常由基金经理负责操作，所以在投资前先了解一下服务收费情况，以及该基金的投资历史。

华尔街 纽约市的一条街道，以“美国的金融中心”闻名于世，纽约市许多主要金融机构的总部都设在这里。这里也是世界上最大的证券交易所——纽约证券交易所的所在地，是整个美国金融市场的缩影。

基金招募说明书 一种法律文件，其中包含投资人可能想要投资的目标基金的所有信息。

价值投资 投资的股票价值被认为远高于当前股价。

简历 自我介绍、个人工作经验和教育经历的书面描述，通常都写在一页纸上。

交易所 进行大宗商品、证券或其他资产交易的地方。

借款 一个人向另一个人或机构借钱的行为。这种债务由借款人向出借人偿还，通常要算利息。

借款人 在一段时间内借得一定数额金钱的人，并且知道这笔钱必须归还。

蓝筹股 长期稳定增长的、大型的传统工业股及金融股。通常将经营业绩较好，具有稳定且较高的现金股利的公司股票称为“蓝筹股”。

利润 收入减去支出后余下的钱。

利息 借款人付给出借人的一小笔费用。

目标市场 公司想要向其销售产品或服务的特定客户。

牛市或熊市 牛市是指股价普遍上涨的证券市场，熊市则是指股价普遍下跌的证券市场。

庞氏骗局 一种金字塔投资骗局，以查尔斯·庞兹（1882~1949）的名字命名。在这类骗局中，所谓的“利润”其实是参与者实际投入的资金。

求职面试 雇主可以更好地了解求职者的一种方式。

商业计划 一项跨度通常为数年的计划，用以制定企业未来的战略和财务发展方向。

上市 一家公司通过证券交易所公开募股的过程，投资者能买卖其股票。广义的上市除了公司公开发行股票，还包括在资本市场挂牌交易。

实习 一种在职培训方式。

市盈率 股票价格占每股盈利的比率。

市值 一家上市公司的股票市场价格乘以发行股数，得到的股票总价值就是市值。

事业 一份你准备长期或终身从事的工作或职业。

收入 在一段时间内因为工作、出售商品或服务、投资等而收到的款项。

收益率 一定时期内的投资利润占成本的比例，通常以原始投资的百分比来表示。

投资 为了获得收益而把钱投入到某项创业项目、房地产等领域。

投资组合 你投资的股票、债券、房地产等多种投资的组合。

退休 因年老或丧失劳动能力而退出工作岗位，或不再需要为生活而工作的时候。

信贷 借款人从银行借款的信用活动，须支付利息来还清债务。

信用评级机构 对证券发行人和证券信用进行等级评定的组织。

遗产 一个人去世时留传下去的东西，通常是钱或物品。

银行 为个人或公司提供存款、储蓄、兑换货币、发放贷款等服务的金融机构。

盈利 你卖出投资品赚到的钱。

盈利潜力 你可能会赚到的钱（比“数不清”要更具体一点）。

营销 将产品或服务的价值传达给顾客的过程。

应急资金 为应对意外支出存的钱，例如因为手机掉厕所里而不得不换新手机。

预算 一种资源（特别是时间或金钱）在特定时期内如何分配或使用的计划。

诈骗 通过故意欺骗获取金钱或其他利益的犯罪行为。

债券 一种债务证券，由政府、企业、银行等为筹集资金而发行，并在特定日期以固定利率偿还借款。

债务 欠他人的钱、服务或财产。

支出 买东西或请人为你服务花的钱。

指数 也就是股票价格指数，代表着在证券交易所进行交易的一组选定股票的平均价格。

众筹 通过互联网从一大群人那里筹集资金，用于共同的服务、项目、产品、投资、事业或体验的行为。

著作版权合同登记号：01-2021-6650

图书在版编目（CIP）数据

写给少年的经济学 /（美）詹姆斯·麦肯纳，（美）
珍妮·格利斯塔，（美）马特·方丹著；尹楠译．-- 北京
：新星出版社，2022.11（2024.11 重印）
ISBN 978-7-5133-4847-8
Ⅰ．①写… Ⅱ．①詹… ②珍… ③马… ④尹… Ⅲ．
①经济学－少年读物 Ⅳ．① F0-49
中国版本图书馆 CIP 数据核字（2022）第 124115 号

写给少年的经济学
[美] 詹姆斯·麦肯纳 [美] 珍妮·格利斯塔 [美] 马特·方丹 著
尹楠 译

责任编辑 汪 欣
特约编辑 郭 婷 张午朝
封面设计 李照祥
内文制作 博远文化
责任印制 李珊珊 万 坤

出　　版 新星出版社 www.newstarpress.com
出 版 人 马汝军
社　　址 北京市西城区车公庄大街丙 3 号楼 邮编 100044
电话（010）88310888 传真（010）65270449
发　　行 新经典发行有限公司
电话（010）68423599 邮箱 editor@readinglife.com
法律顾问 北京市岳成律师事务所

印　　刷 北京富诚彩色印刷有限公司
开　　本 787mm × 1092mm 1/16
印　　张 9
字　　数 100千字
版　　次 2022年11月第一版 2024年11月第二次印刷
书　　号 ISBN 978-7-5133-4847-8
定　　价 59.00元
